AF500922

STIL
ET REGLEMENT
SVR LE FAICT DE LA IVSTICE ET INSTRVCTION

des procez, dressé par le Souuerain Senat de Sauoye.

CONFIRME PAR S. A. R.

A CHAMBERY.

PAR GEOFFROY DVFOVR Imprimeur de S.A.R.

M. DC. XLIII.

(2)

RECVEIL DES TILTRES CONTENVS en ce present volume.

Stil & reglement sur le faict de la iustice & instruction des procez, dressé par le Souuerain Senat de Sauoye page 3
Des Appellations, 25
Des Appellations comme d'Abus, 32
De l'execution des Sentences & Arrests, 33
Des matieres possessoires beneficiales & autres, 35
Des Sentences executoires, nonobstant oppositions ou appellations, 40
Des Roolles tant ordinaires qu'extraordinaires des causes vuidables en Audience pardeuant le Senat, 41
Des recognoissances de Cedules, 44
Des lettres de Chancellerie, restitutions, & reliefuements du mineur, & autres, 47
Des criees & subhastations, 49
Des donations, 51
Des Commissaires à faire enquestes, 51
Des recusations, 54
Des matieres criminelles, 57
Des porteurs de graces, remissions & pardons, 59
Du Senat, Presidents, & Conseillers d'iceluy, 61
Des Aduocats & Procureurs Generaux de Mon-seigneur 74
Des Secretaires ciuils & criminels dudit Senat, 78
Des Aduocats & Procureurs postulans au Senat, 85
Des Iuges Ducaux, & autres Iuges des Iurisdictions inferieures, 95
Des Chastellains, 100
Des Huyssiers du Senat de Sauoye, 104
Des Notaires, 107
Des Sergens, 110
Des registres des Baptesmes, sepultures, & des rapports sur la valeur des gros fruicts, 111

FIN.

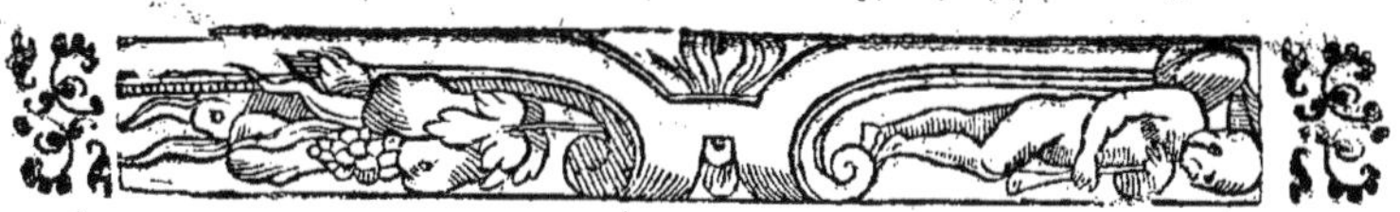

EDICT DE CONFIRMATION DV PRESENT STIL.

MANVEL PHILIBERT, par la grace de Dieu, Duc de Sauoye, Chablais, Aouste, & Geneuois : Prince & Vicaire perpetuel du sainct Empire Romain : Marquis en Italie : Prince de Piedmont : Conte de Geneue, Bauge, Romont, Nice, & Ast : Baron de Vaux, Gex, & Faucigny : Seigneur de Bresse, Verceil, le Mano, Onelia, & du Marquisat de Ceue, &c. Sçauoir faisons que nous ayant fait voir bien & diligemment par certains bons & notables personnages de nostre Conseil d'Estat, le Stil & Reiglement sur le faict de la Iustice, & abbreuiation des procez, publié en nostre Senat de Sauoye, au mois d'Octobre dernier, lequel nous a presenté nostre cher bien aimé & feal Conseiller, Senateur & Aduocat General en nostredit Senat, & oüy sur ce le rapport desdits personnages à ce commis. Et apres auoir fait corriger ledit Stil, & amplifier en quelques endroicts, ou nous a semblé necessaire, l'ayant au surplus troué bon & profitable, pour la preseruation de nostre authorité & soulagement de nos subiects : Auons iceluy de nostre pleine puissance & authorité souueraine confirmé, authorisé, & validé, confirmons, authorisons & validons par ces presentes, voulons & nous plaist, qu'il soit entierement gardé & obserué comme loix, ordonnances, & statuts perpetuels & irreuocables, sans y contreuenir. Si donnons en mandement à nos tres-chers, bien amez & feaux Conseillers, les gens tenans nostre Senat de Sauoye, & de nostre Chambre des Comptes, & à tous autres nos Iusticiers & Officiers, si comme à chascun d'eux appartiendra, que nostre present Edict, ensemble ledit Reiglement y attaché

taché soubs le contreseel de nostre Chancellerie, & le contenu d'iceluy ils entretiennent, gardent & obseruent, facent de poinct en poinct inuiolablement garder & obseruer, selon sa forme & teneur. Sans aller, ne venir, ne souffrir estre allé ne venu directement ou indirectement au contraire, en quelque maniere que ce soit, car tel est nostre plaisir, nonobstant toute disposition de droict escrit, anciennes coustumes & statuts de nos Pays, ausquels auons derogé & derogeons par ces presentes, entant qu'ils seroyent contraires audit Stil & Reiglement tant seulement. Et afin que ce soit chose ferme & stable à tousiours, nous auons signé les presentes de nostre main, & fait mettre nostre seel à icelles. Donné à Nice, le troisiesme d'Auril, mil cinq cens soixante, signé E. Philibert. V. Stroppiane. Fabri. Seellees du grand seel, en cire rouge, à lacqs de soye verte pendans, & sur le reply est escript.

Leus, publiez & enregistrez, ce requerant le Procureur General, Faict à Chambery, au Senat, le vingtseptiesme Auril, mil cinq cens soixante. Ainsi signé. *Pillet.*

STIL ET REIGLEMENT SVR LE faict de la Iustice, & instruction des procez, dressé par le Souuerain Senat en Sauoye.

ARTICLE I.

DES ADIOVRNEMENTS, &c.

REMIEREMENT est ordonné, que tous adiournements seront faits à personne ou domicile, en presence de tesmoins, qui seront inscripts au rapport & exploict de l'Huissier ou Sergent, à peine arbitraire à la discretion des Iuges, contre ceux qui seront trouuez en faute.

Voy au second liure des Arrests, feuillet 5. où il est ordonné, que le Procureur mettra le lieu du domicile de sa partie en sa presentation.

II.

Et serout tenus tous Sergens laisser la copie auec l'exploict aux adiournez, ou leurs gens & seruiteurs, encore qu'ils les refuzassent. Et à faute d'en trouuer, seront lesdits Sergens tenus les attacher à la porte des domiciles desdits adiournez, encores qu'ils ne fussent point demandez, & en feront mention par l'exploict. Le tout aux despens des demandeurs & poursuiuans, sauf à les recouurer, s'ils obtiennent en fin de cause.

III.

Tous adiournements pour faire & intenter nouueaux procez, seront libellez sommairement, & contiendront la demande & moyens d'icelle en brief, pour en venir prests à defendre par le defendeur au iour de la premiere assignation. Ce qu'il sera tenu faire, sinon pour quelque iuste cause, à la discretion des Iuges, luy fust baillé vn delay peremptoire pour venir defendre.

IV.

Et est expressement defendu (suiuant les anciens statuts de ce Pays) à tous les subiects de ce ressort, de ne faire citer ny conuenir laiz, par deuant les Iuges d'Eglise, en actions pures personnelles, & pour choses prophanes, sur peine de perdition de cause, & d'amende arbitraire.

V.

Est aussi defendu à tous Iuges Ecclesiastiques, de ne bailler ny deliurer aucunes citations ou monitions verbalement ou par escript, pour faire citer ou admonester les subiects purs laiz, esdites matieres & actions pures personnelles, & pour choses prophanes, sur peine d'amende arbitraire. Pourront toutesfois decerner monitions, pour les cas & choses occultes, aux fins de reuelations seulement.

Voy au second liure des Arrests folio 9. parlant des monitoires.

VI.

Et à ce que les iurisdictions Ecclesiastiques & temporelles ne s'empeschent. ains s'aident & confortent fraternellement l'vne l'autre, tous Iuges ecclesiastiques de ce Pays, exprimeront en toutes citations & monitions, qui seront par eux octroyees en leurs Cours, les causes d'icelles citations, afin que les gens laiz puissent estre aduertis, si la cognoissance de la matiere appartient ausdits Iuges ecclesiastiques.

Voy au second liure des Arrests, folio 33.

VII.

VII.

Si l'adiourné ne comparoit par deuant le Senat au iour de l'assignation, ny dans deux iours apres, defaut sera donné contre luy au demandeur, pourueu que ledit demandeur aye comparu au iour de ladite assignation. Et trois iours apres luy sera ledit defaut expedié, & sera reçeu sur le premier defaut, à fournir plus amplement sa demande, & icelle verifier par titres, si faire se peut. Et en ce cas le defaillant sera r'adiourné, pour venir contredire lesdits titres, & à tous autres actes Iudiciaires, iusques à sentence diffinitiue inclusiuement. A laquelle sera procedé, si l'adiourné fait second defaut, sans autre r'adiournement ny procedure.

Voy au second liure des Arrests, fol. 17.

VIII.

Et ou le demandeur ne pourroit verifier sa demande par titres, pourra l'affermer par serment en personne, ou par procuration speciale, & requerir pour le profit dudit premier défaut, que le defaillant soit r'adiourné deuëment pour y venir respondre, à peine d'estre tenue pour confessee & verifiee. Et à ces fins sera r'adiourné, luy baillant copie de la demande affermee, comme dit est. Et s'il ne comparoit, pour le profit dudit second défaut, sera ladite demande prononcee pour confessee & verifiee. Apres laquelle prononciation, sera derechef adiourné le defaillant, pour oüyr droict, & voir prononcer la sentence. A laquelle (ou il sera contumax) sera procedé par les Iuges, & sera fait droict comme de raison, sans qu'il soit besoin au demandeur faire autres procedures ny preuues.

IX.

Et, ou auant la prononciation de ladite sentence, le defaillant comparoistroit, auant qu'estre oüy, il refondra promptement tous les despens contumaciaux, comme preiudiciaux, outre les dommages & interests procedans de la retardation, si point en escheoyent, qui seront sommairement liquidez par les Iuges ayant esgard à la qualité de la matiere, & des parties.

X.

Et si l'adiourné comparoist au iour de l'assignation, ou bien dans deux iours apres, & que le demandeur ne comparoist point dans ledit temps, sera donné congé pur & simple audit defendeur auec despens, sauf huictaine, laquelle expiree sans que ledit demandeur ayt comparu, sera ledit congé expedié par le secretaire, sans qu'il soit besoin obtenir autre congé pur & simple. Et apres que tels despens seront taxez, & que commandement sera fait de les payer, ne pourra le demandeur derechef faire appeller sa partie pour mesme faict, qu'au prealable il ne luy paye lesdits despens.

Voy au second liure des Arrests, folio 17.

X I.

Semblablement si dans le iour de l'assignation, ny les trois iours apres, aucune des parties ne comparoit, le demandeur ne pourra (passez lesdits trois iours) se presenter en vertu dudit adiournement, ny obtenir aucun defaut contre sa partie. Mais ou il voudra poursuiure son action, luy conuiendra obtenir nouueau adiournement, & à ces fins faire derechef appeller sadite partie, laquelle semblablement ne pourra obtenir congé, si elle ne s'est presentee dedans lesdits trois iours.

Voy au second liure des Arrests, folio 17.

X I I.

Sera toutesfois, pour esuiter surprise, donné delay competant par le Sergent executant, à celuy qu'il adiournera, pour pouuoir commodement comparoir, eu esgard à la distance des lieux. Estans tous adiournements de iour à lendemain reiettez, comme trop precipitez, sauf les adiournements & assignations

assignations faites en ville, pour comparoir au mesme lieu.

XIII.

Et si les parties comparoissent au iour de l'assignation, ou bien dedans le delay que dessus, elles seront tenues de constituer procureur en la cause, & eslire leur domicile au lieu où les procez seront pendans. Autrement, & à faute de ce auoir deuëment fait, ne seront receuables, & seront deboutez, quant à present de leurs demandes, defenses ou oppositions respectiuement.

XIV.

Apres les presentations deuëment faites, le demandeur sera tenu dans la huictaine, ou plustost s'il veut, produire au greffe plus ample demande, faicts, titres & autres documents sur lesquels il pretend fonder sadite demande; desquels sera faite copie par le secretaire du Senat au defendeur, pour y venir respondre au iour conuenu par les parties.

Voy l'Arrest au premier liure du 28. Nouembre 1559. folio 38.

Voy au second liure pour les presentations, folio 24.

XV.

Aux procureurs desquelles est expressement enioinct d'assister tous les iours d'entree au Senat, ou bien leurs soubstituez, dés l'entree du matin, iusques à l'issue, pour aller prendre leurs appoinctemens au greffe, sans empescher le Senat par multiplicité de requestes,

Voy l'Arrest au premier liure du 17. Aoust, 1560. fol. 33.

XVI.

Et si lesdits procureurs ne peuuent estre d'accord à la passation desdits appoinctemens, appelleront deux ou trois des plus anciens practiciens, estans là presens pour les accorder.

Voy au premier liure des Arrests du 4. Nouembre 1559. & 17. Aoust, 1560. 7. Iuillet, 1561. 7. Mars, 1562. & 6. Nouembre, 1563. folio 34. 35. & 45.

XVII.

Ce que ne pouuant estre fait par lesdits practiciens, se retireront les procureurs des parties au parquet des gens de Monseigneur pour debattre ledit appoinctement.

XVIII.

Et si lesdites gens de Mon-seigneur trouuent qu'il soit raisonnable, & neantmoins l'vn des procureurs desdites parties n'y vueille acquiesser, ains par opiniastreté se retire au Senat par requeste, ou autrement, si les gens dudit Senat trouuent raisonnable l'appoinctement approuué tant par lesdits anciens practiciens qu'au parquet, le procureur qui aura refusé iceluy passer, sera condamné promptement par ledit Senat à soixante sols forts d'amende, sans autres procedures, & sans remission.

XIX.

Et afin que le Senat puisse cognoistre que lesdits appoinctements ont esté approuuez par les susnommez, seront tenus tant lesdits practiciens, que gens de Mon-seigneur, iceux paraffer au pied, & escrire qu'ils l'ont trouué raisonnable.

Voy au second liure des Arrests, fol. 6. Les Procureurs seront tenus les auoir en main.

XX.

Apres que le defendeur aura eu communication par copie inseree en son procez des productions du demandeur, s'il ne vient respondre dans le premier delay à luy donné, conuiendront

dront les parties d'autre second delay au greffe, dans lequel le-dit defendeur precisement sera tenu venir defendre & donner matiere contraire, si bon luy semble, dans lequel second delay s'il ne satisfait, il est declaré *ipso iure* forclos de plus defendre & donner ses faicts contraires, sans qu'il soit besoin de presenter aucune requeste au Senat pour declarer ladite forclusion. Et sera tenue la demande du demandeur pour verifiee, les faicts pour confessez, & les interrogations au choix dudit demandeur, les titres prononcez pour authentiques, & le procez appoincté en droict.

XXI.

Sauf toutesfois que là où le defendeur dans ledit second delay trouueroit la matiere de telle importance, qu'il n'eust peu satisfaire à ce que dessus, ou pour quelque autre empeschement raisonnable, il luy sera permis se pouruoir par requeste, pardeuant les Iuges ou sera pendant le procez, pour auoir troisiesme delay d'office, & sans espoir d'en auoir iamais autre, lequel luy sera baillé, si la matiere le requiert, & non autrement, eu esgard à ce que dessus, partie sommairement ouye & appellee, Dans lequel troisiesme delay, si le defendeur ne se trouue auoir satisfaict, lesdites forclusion & prononciation pour confessez tiendront *ipso iure*, comme sus est dit.

XXII.

Et ne pourra iamais plus estre oüy sans lettres de Chancellerie, fondees sur bonne & legitime cause, de laquelle sera tenu l'impetrant sommairement faire apparoir, & sans qu'au prealable il ayt refondu tous les despens contumaciaux, & de la retardation du procez.

XXIII.

Si toutesfois le defendeur allegue auoir garend, ce qu'il sera tenu de faire dans la premiere assignation, luy sera baillé vn seul delay pour amener ledit garend, qui sera adiourné à ceste fin par adiournement libellé, comme sus est dit. Et s'il n'allegue les garans dans ladite premiere assignation, ne luy sera plus donné aucun delay pour ce faire, qui puisse en rien retarder le procez, sauf à luy de pouuoir faire appeller sondit pretendu guarend, quand bon luy semblera, *& in quacumque parte litis.* Le tout sans retardation du procez principal, comme est dit.

XXIV.

Et si ledit guarend comparoit, & veut prendre la guarantie, il sera tenu ce faire au iour de la premiere assignation, & contester, sinon qu'il voulut amener autre guarend, pourquoy luy seroit pourueu d'vn autre seul delay, & de commission libellee, comme dessus.

XXV.

Les sentences & iugements donnez contre les guarends seront executoires contre les guarentis, tout ainsi que contre les condamnez, sauf des despens, dommages & interests, dont la liquidation & execution se fera contre le guarend seulement.

XXVI.

Ou le defendeur n'alleguera guarend, & satisfera dans les susdits delays, & qu'il respondra negatiuement, & aura fourni de ses faicts contraires, ledit demandeur viendra dans huictaine ou autre delay accordé entre les parties, requerir la reception de ses faicts en preuue, respondre aux faicts dudit defendeur, & fournir de ses additions, si bon luy semble. Et s'il ne satisfait dans ledit delay, seront les faits du defendeur tenus pour confessez *ipso facto* : le tout comme a esté dit sus pour le regard des faits du demandeur.

XXVII.

Le defendeur aussi dans ledit delay suiuant, qui sera accordé, viendra

viendra opposer ou empescher, si bon luy semble la reception desdits faicts, & iceux debattre d'impertinence, & inadmissibilité, & par mesme moyen fournira de ses faicts additionaux. Et prendront les parties appoinctement de contrarieté de forclusion de plus articuler, & en enqueste.

XXVIII.

Dans les susdits delays baillez aux parties pour satisfaire à ce que dessus, sera au choix & volonté de la partie, à laquelle tombera de satisfaire dans ledit delay, & fournir d'anticiper la diete ou delay, & satisfaire auant ledit delay passé pour accelerer la matiere. Et audit cas la partie sera semblablement contrainte de poursuiure sans attendre la fin dudit delay anticipé comme dessus.

XXIX.

Et seront les parties tenues de respondre cathegoriquement par negatiue ou affirmatiue, aux faicts pour elles respectiuement posez, sans respondre par *credit, vel non*. Et quand l'vne des parties aura affermé ses faicts par serment en personne, la partie aduerse sera tenue aussi en personne, ou par Procureur à ce specialement instruict, y respondre auec serment, & confesser les faicts qui seront de leur science & cognoissance, sans le pouuoir denier.

XXX.

Et c'est sur peine de cent sols d'amende pour chacun faict denié calomnieusement par deuant le Senat, & de cinquante sols és iurisdictions inferieures. Esquelles amandes seront lesdites parties condamnees enuers Mon-seigneur, & en la moitié moins enuers leurs parties pour leurs interests.

XXXI.

Et semblable peine, ou plus grande selon le cas, à la discretion des Iuges, encourront ceux qui auront posé & articulé calomnieusement aucun faux faict, soit en plaidant en Audience, ou par leurs escriptures, ou autres pieces du procez.

XXXII.

Toutes responses faites par les parties aux interrogats, ou faicts par elles respectiuement articulez seront acceptees, ou refusees entierement, & auec toutes leurs qualitez, sans qu'il soit loisible les accepter en partie, & en partie non. Pour euiter plusieurs surprinses & inconuenients qui par cy-deuant sont aduenus, par la calomnie & mauuaise foy desdites parties.

XXXIII.

Et pourront les parties, ou il s'agira en action reelle ou possessoire, apres que par serment ils se seront purgez, ne sçauoir entendre les faicts & confins des biens estans en contention, auant qu'estre tenus de respondre aux interrogats du demandeur, requerir veue du lieu luy estre faite, laquelle ledit demandeur sera tenu faire faire à ses despens, sauf à les repeter si le defendeur est condamné en fin de cause au principal & despens.

XXXIV.

Les enquestes pourront estre faites sans adioinct, sinon que parties, ou l'vne d'elles le requist, lequel audit cas sera pris aux despens du requerant, & sauf à repeter en fin de cause, si faire se doit, & si les deux parties le requierent, aux despens de celuy qui fera faire l'enqueste. Sauf toutesfois aux Iuges, & Commissaires de prendre adioinct, tant pour la qualité des matieres des parties plaidoyantes, ou des tesmoins, comme bon leur semblera.

XXXV.

Quand les parties feront faire leur enqueste, soit à Chambery ou ou ailleurs, elles comparoistront par elles ou par leurs Procureurs aux assignations à elles donnees par deuant les Commissaires, soit pour oüir les articles, conuenir d'adioinct, voir produire & iurer tesmoins, ou par autres affaires à quoy elles auront assignation.

Voy au second liure des Arrests, folio 6. Lequel sera gradué.

XXXVI.

Et à faute de comparoir, sera donné defaut, par vertu duquel sera procedé par les Commissaires, en l'absence de la partie defaillant, comme s'il estoit present. Et s'il en estoit appellé, procederont neantmoins lesdits Commissaires à paracheuer leur enqueste, nonobstant ledit appel, sinon qu'il fust question d'incompetance de Commissaire, ou de recusation d'iceux. Laquelle incompetance ou recusation sera alleguee, auant que le Commissaire se transporte sur le lieu ordonné pour faire l'enqueste, autrement n'y seront plus receues les parties, ains pourra le Commissaire passer outre, nonobstant lesdites incompetence & recusation alleguees.

Voy au second liure des Arrests, folio 31. Pour les causes de recusation.

XXXVII.

L'on ne pourra en quelque matiere que ce soit, sur vn mesme faict contenu és escriptures & articles des parties, produire ne faire examiner que dix tesmoins, & ceux qui seront examinez outre le nombre de dix, seront reiettez, & n'aura-on esgard à leurs dits & depositions, & auec ce sera ledit Commissaire, qui aura examiné plus de dix tesmoins sur vn mesme faict, mulcté de peine arbitraire.

XXXVIII.

Et si esdites escriptures & articles desdites parties y auoit plusieurs articles faisant mention d'vn mesme faict, lesdits articles seront accollez par le Commissaire, & ne pourront estre examinex que dix tesmoins, comme sus est dit. A chacun desquels sera baillee par la partie qui les aura produict ou son procureur, ou autre à son nom, l'attiquette des articles sur lesquels elle voudra qu'ils soyent examinez.

XXXIX.

Si par faute du Commissaire, l'enqueste se trouue nulle, elle sera refaite à ses despens.

XL.

Les delays à faire enqueste seront communs entre les parties, qui seront tenues dans le delay accordé rapporter respectiuement leursdites enquestes, autrement en seront forclos, sauf & reserué, que si par quelque iuste occasion les parties n'ont peu faire leurdite enqueste dans ledit delay accordé, pourront obtenir des Iuges nouueau delay, qui sera peremptoire, & sans en pouuoir esperer d'autre. Dans lequel seront tenus faire ou parfaire leurdite enqueste, & icelle rapporter, autrement forclos *ipso iure*.

XLI.

Les enquestes estans parfaites, le Commissaire sera tenu les remettre deuëment closes & seellees aux parties pour lesquelles elles auront esté faites. Lesquelles parties seront tenues icelles produire au greffe dans le delay prefix. Aliàs forclos *ipso iure*, comme sus est dit.

XLII.

Estans lesdites enquestes remises au greffe, sera fait communication aux parties respectiuement par le greffier des procez verbaux d'icelles, lesquels seront inserez par copie aux procez des parties. Et seront tenues lesdites parties dans la huictaine fournir

fournir reproches specialement, & non en termes generaux, contre les tesmoins examinez, & donner les moyens par lesquels ils pretendent debattre les enquestes de nullité, & empescher la reception d'icelles, ou bien demander estre renuoyez en Audience, pour remonstrer lesdites nullitez, aliàs forclos *ipso iure*. Et seront tenues lesdites parties de prendre appointement d'ouuerture & publication d'enquestes, de produire, contredire, sauuer, & en droict.

XLIII.

Sinon que par quelque iuste occasion, où les parties n'auront peu satisfaire à ce que dessus dans la huictaine, les Iuges leur pourront donner vn nouueau delay brief & peremptoire. Autrement tiendront lesdites forclusions, comme sus est dit.

XLIV.

Et pource que par cy-deuant souuent s'est veu, qu'aucunes des parties pour esgarer la matiere, donnent plusieurs reproches contre les tesmoins examinez, combien qu'elles sçachent lesdits reproches n'estre veritables, est ordonné que pour chascun faict de reproches calomnieusement proposé, qui ne sera verifié par le proposant, y aura condemnation au Senat à dix liures fortes d'amende, moitié à Mon-seigneur, & moitié à la partie, ou plus grande peine pour la grandeur de la calomnie desdits proposans à l'arbitration de Iustice, & à la moitié moins és Iustices inferieures.

XLV.

Et neantmoins est defendu à tous Iuges d'appoincter les parties à informer sur les faicts de reproches, sans voir lesdits reproches auec les procez principaux. Et ne receuoir les parties en preuue desdits faicts, sinon qu'ils fussent concluans contre les tesmoins, sans lesquels ne se pourront decider le procez.

XLVI.

Et ou par la deposition d'aucuns tesmoins non reprochez, le procez se pourroit iuger, parce qu'il demeuroit nombre suffisant de tesmoins. En ce cas, pour esuiter la longueur des procez, l'on pourra passer outre au iugement, sans appoincter les parties en preuue sur les faicts desdits reproches.

XLVII.

Et ou le procez ne se pourroit bonnement iuger, que la deposition des tesmoins reprochez ne soit employee au iugement du procez, en ce cas faudra appoincter les parties à faire preuue sur les faicts desdits reproches, qui auront esté iugez, & declarez concluans & valables.

Voy au present stil & reiglement l'article 172. *Quand il est temps bailler reproches.*

XLVIII.

Auant que proceder à la visitation des procez, apres le cas posé & ouuert, l'on procedera prealablement à iuger les reproches des tesmoins, pour esuiter la perdition du temps. Et où lesdits reproches ne seront trouuez valables, sera procedé outre au iugement du procez. Et sera dit en l'arrest ou sentence, que le procez se pouuoit vuider, sans enquerir de la verité des faicts desdits reproches.

XLIX.

Les enquestes veues en Publication, les parties prendront appoinctement de produire, contredire, sauuer, & en droict. Et seront tenues les parties satisfaire dans le delay accordé, aliàs forclos *ipso iure*. Le tout à la forme qui a esté dit cy-dessus, aux vingtiesme, vingt-vniesme, vingt-deuxiesme articles.

Voy au second liure des Arrests, folio 32.

L.

L.

Apres le procez couché en droict, les parties ne seront plus receues à produire aucun titre, ny articuler faicts nouueaux, pour sur iceux faire preuues & enquestes, sinon que sur ce, elles obtiennent lettres de Chancellerie. Et qu'auant qu'estre receus à produire titres ou faicts, ils se purgent par serment, & que de nouueau tels titres & faicts leur sont venus à notice.

Voy le statut, liure 5. chapitre, vt maioris.

LI.

Et en ce cas où lesdits titres & faicts seront reçeus, ce sera à la charge que la partie en aura communication par copie, & pourra iceux contredire, articuler faicts contraires, & sur iceux faire preuue & enqueste. Le tout aux despens de celuy qui aura obtenu lesdites lettres, lequel aussi sera tenu de refondre les despens de la retardation du procez.

Voy au premier liure des Edicts & Arrests, folio 39.

LII.

Les procez fournis & parfaicts, les Procureurs des parties seront tenus faire inuentaire raisonné des pieces & titres qui seront dans leur sac, lesquels seront respectiuement par eux signez & communiquez. Ce fait, remettront leurs sacs au Greffe, sans se faire poursuiure par requestes, à peine de l'amende. Et ne pourront plus retirer lesdits sacs sans permission du Senat, ou des Iuges, pardeuant lesquels seront pendans lesdits procez.

Voy l'Arrest au premier liure du 14. Mars 1564. folio 36.

LIII.

Et quand aucun procez aura esté retiré du Greffe ou du

Rapporteur par aucune partie, Aduocat, Procureur, sollicitcur, ou autre personne, est enioinct à celuy qui l'aura retiré, le rendre & remettre dedans le premier iour apres que le temps sera expiré, durant lequel luy estoit permis l'auoir, à peine de cent sols d'amende, moitié à Mon-seigneur, & moitié à partie. Est aussi enioinct au Secretaire ou Huissier qui l'aura retiré pour faire ladite communication, incontinent ledit delay expiré, & dés le lendemain pour le plus tard, soit la partie diligente ou negligente, le remettre par deuers le Rapporteur, sur semblable peine.

Voy l'article 278. du present stil, soubs le titre des secretaires.

LIV.

Et si aucun estoit refusant, ou delayant de rendre ledit procez, & que pour ce, il faille presenter requeste au Senat, pour luy faire commandement de le remettre. Si dans le delay, que par le Senat sur ladite requeste luy sera baillé, n'est satisfait, sera le refusant ou delayant enregistré pour cent sols d'amende.

Voy au premier liure des arrests du 21. Iuillet 1565. folio 36.

LV.

Et estans iceux remis au Greffe, si c'est par deuant le Senat, le secretaire sera tenu les porter au President dudit Senat, qui les distribuera à l'vn des Conseillers d'iceluy, lequel s'en apprestera le plus diligemment qui luy sera possible, pour estre au plustost expediez, selon leur ordre.

Voy au present stil & reiglement l'article 267. soubs le titre des Secretaires.

LVI.

Si les procez sont pendans par deuant les Iuges inferieurs, (iceux estans couchez en droict) sera tenu le secretaire du siege les

les apaorter le plus diligemment que faire se pourra, par devers lesdits Iuges ou leurs Lieutenans, & faire registre du iour qu'ils les auront portez, sans rien prendre pour porter lesdits procez.

Voy au second liure des Arrests folio 20.

LVII.

Si en vuidant les procez, il escheoit quelque notable doute en droict, lesdits Rapporteurs, Senateurs, & autres Iuges inferieurs, seront tenus icelles doutes extraire, & les bailler aux Aduocats & Procureurs des parties, pour les faire entendre & les resoudre, si faire le peuuent.

Voy au present stil & reiglement, article 113. A quoy les Seigneurs Commissaires sont tenus.

LVIII.

Et seront tous procez & procedures faits en langage vulgaire, & cousus en vn volume, & inferees toutes productions des parties par copie respectiuement par le secretaire du Senat, au procez l'vne de l'autre, comme anciennement l'on obseruoit en ce Pays, Et neantmoins est inhibé & defendu aux parties respectiuement leurs Procureurs & Aduocats, de ne produire aucune piece qui ne serue au procez, à peine de l'amende de dix liures contre lesdits Procureurs & Aduocats.

Voy le statut, liure 2. chapitre Cum minime.

Voy au present stil & reiglement l'article 295.

Et le statut, liure second, chapitre, vt propter.

LIX.

Les factums n'auront plus lieu par deuant le Senat, attendu que c'est iustice souueraine, & ne se pourra alleguer peremption d'instance, suiuant la disposition du droict. Et neantmoins s'obserueront lesdits factums par deuant toutes les iurisdictions inferieures, à la forme des autres statuts de ce Pays.

Voy le statut, liure 5. chapitre Item quando.

L X.

Apres les procez remis aux Iuges, leur est expressément enioinct, de diligemment vacquer à la vision & expedition d'iceux. Est-ce dans le mois porté par les anciens statuts de ce Pays, si les parties les sollicitent. Et à faute de ce faire, où lesdites parties seront contraintes se pouruoir par requeste par deuant le Senat, pour faire commandement ausdits Iuges de les expedier. Ceux qui se trouueront negligens seront punis d'amande arbitraire, à la discretion dudit Senat.

Voy le susdit chapitre, Item consil. *liure 2. Et le chapitre* Super *liure 5.*

L X I.

Apres que les parties auront prins appoinctement en droict, & le Iuge aura veu le procez, & sera prest à donner sentence, ne se pourra empescher la prononciation de ladite sentence, par quelconques obligations ou propositions, ny autres choses que les parties voudront dire, faire, ou deduire pour empescher ladite prononciation.

Voy au present stil & reiglement l'article 174. au titre des recusations.

L X I I.

Et quant aux expeditions des transactions, accords, renonciations, & droict pretendu, litispendence, lettres de Chancellerie, ou autres telles, les parties (icelles proposans) seront

tenues

tenues les verifier promptement, sans estre admises de faire procez sur ce, n'interlocutoires, qu'elles n'en facent pour le prealable apparoir. Et ne differera le Iuge de proceder iusques à ce que dict est, ayt esté verifié.

Voy au second liure des Arrests, folio 6.

LXIII.

Tous dictons de sentences seront escrits & signez de la main propre du Iuge, qui les donnera, lequel soudain sera tenu remettre ledit dictum au secretaire de son siege, pour iceluy enregistrer, & prononcer le iour d'Audience en plein Parquet. Et est expressement defendu esdits secretaires, ne receuoir iceux dictums des Iuges, ny les prononcer & enregistrer, qu'ils ne soyent escripts & signez par lesdits Iuges, comme sus est dit, à peine de priuation de leurs offices, & autre plus grande, à la discretion du Senat.

Voy au second liure des Arrests, folio 20.

Et au present stil & reiglement, l'article 218. & 332.

LXIIII.

Et quant aux Arrests donnez par ledit Senat, les dictums d'iceux seront escrits de la main du Rapporteur, & soubsignez par le President dudit Senat, ou autre exercant la charge en son absence, & par ledit Rapporteur. Et ce faict, seront remis aux Greffiers pour les prononcer & enregistrer. Ausquels seront faites les mesmes inhibitions qu'aux secretaires des Cours inferieures, inserees au precedent artiele.

Voy au second liure des Arrests, fol. 20.

LXV.

Tous Arrests seront prononcez par les secretaires du Senat

dans l'enclos du lieu ou sera seant ledit Senat, en presence des Procureurs des parties, sans qu'il soit loisible esdits secretaires de les prononcer ailleurs, sur peine de cent sols d'amande, & autre plus grande, à la discretion des Iuges, ou lesdits secretaires seroyent coustumiers de contreuenir à la presente ordonnance.

Voy au present stil & reiglement, article 281. De mesmes est pour les requestes lesquelles seront rendues decretees aux Procureurs.

LXVI.

En toutes matieres reelles, personnelles & possessoires, ciuiles & criminelles, y aura adiudication de dommages & interests, procedans de l'instance & de la calomnie, ou temerité de celuy qui succombera en icelle, pourueu toutesfois que lesdits dommages & interests ayent esté demandez par partie qui aura obtenu, & desquels les parties pourront faire remonstrance sommaire par ledit procez.

LXVII.

En condamnations de dommages & interests, procedans de la qualité & nature de l'instance, les Iuges arbitreront vne certaine somme, selon qu'il leur pourra vray-semblablement apparoir par le procez, selon la quantité & grandeur des causes & des parties, sans qu'elles soyent plus receues pour cest esgard les bailler par declaration, ne faire aucune preuue sur iceux.

LXVIII.

Es matieres, ausquelles aura condamnation de restitution de fruicts, pour proceder à la liquidation d'iceux, les possesseurs des terres demandees, ou leurs heritiers seront tenus apporter par deuant les executeurs des iugements & arrests, au iour de la premiere assignation en ladite execution, les comptes, papiers, & Bails à ferme desdites terres, & bailler par declaration les

les fruicts par eux prins & perçeus, comprins en la condamnation. Et affermer par serment icelle contenir verité, & dans vn mois apres pour tous delays, seront tenus payer les fruicts selon ladite affirmation.

Voy au present stil & reiglement l'article 107. Le semblable est ordonné contre celuy qui allegue meliora non.

LXIX.

Et neantmoins pourra la partie, qui aura obtenu iugement à son profit, & qui pretend y auoir plus grands fruicts de plus grande estimation, informer de plus grande quantité & valeur desdits fruicts, & la partie condamnee au contraire. Le tout dans certain delay, seul & peremptoire, qui sera arbitré par l'executeur.

Voy au second liure des Arrests folio 38. Ceci n'a lieu sur l'eualuation des censes.

LXX.

Et où il se trouueroit par lesdites informations & preuues, ladite partie condamnee auoir mal & calomnieusement affermé, & lesdits fruicts se monter plus que n'auoit esté affermé, sera ladite partie condamnee en grosse amande enuers Monseigneur, & grosse reparation enuers la partie.

LXXI.

Et pareillement où il se trouueroit lesdits fruicts ne se monter plus que ladite affirmation, celuy qui a obtenu iugement, & qui auroit insisté calomnieusement à ladite plus grande quantité & valeur desdits fruicts, sera semblablement condamné en grosses amandes enuers Mon-seigneur, & en grosse reparation enuers la partie, le tout à la discretion des Iuges, selon la qualité des parties, & grandeur des matieres.

LXXII.

Es procez où il y aura condamnation de despens, si les parties acquiessent au Iuge, aux iurisdictions inferieures, lesdits despens seront taxez par les Iuges qui auront baillé la sentence, Et si c'est par deuant le Senat, seront taxez lesdits despens par les Commissaires à ce deputez. Et pour ce faire, la partie qui demande ladite taxe, baillera vne briefue declaration desdits despens, pour icelle estre communiquee à partie, laquelle, si bon luy semble, baillera ses diminutions dedans trois iours, pour tous delays. Et ce fait, sera procedé à la taxation desdits despens par lesdits Commissaires à ce commis. A quoy faire sera appellé le Procureur de la partie condamnee, en la personne duquel s'il comparoist, ou si non, en son absence & defaut, sera procedé à la taxe desdits despens sur chacun article separement.

Voy au premier liure des Arrests du premier Septembre 1562. folio quarante-huict.

LXXIII.

Et si sur les taxes desdits despens, les Procureurs des parties sont d'accord, seront expediees executoires par le secretaire sur ledit accord, sans qu'il soit requis autre taxe de l'vn des Conseillers du Senat, ou Iuges ordinaires, & subalternes dudit Pays, ny autre emologation d'icelle taxe. A la charge toutesfois que ou les Procureurs, ou l'vn d'eux, se trouueroyent temerairement ou par dol, auoir consenti à ladite taxe, & que sa partie s'en vint à quereller, ledit Procureur sera condamné à tous ses despens, dommages & interests, & à vne amende enuers Mon-seigneur, à la discretion des Iuges.

Liure cinquiesme.

DES

DES APPELLATIONS.

LXXIV.

TOus pretendans estre greuez des sentences des Iuges inferieurs, seront tenus lors de la prononciation desdites sentences, eux, ou leurs Procureurs appeller *illico*. Autrement n'y seront plus reçeus sans lettres de Chancellerie.

Voy au premier liure l'Arrest prononcé le 17. Nouembre, 1559. fol. 30. En matiere criminelle, les Iuges sont tenus faire amener au Senat ceux qui sont appellans de leurs sentences.

LXXV.

Et seront tenus pour auoir appellé *illico*, si dans les dix iours portez par la disposition de droict, à compter dés le iour de la prononciation de la sentence, y comprins le iour de ladite prononciation, ils se porteront pour appellans.

LXXVI.

Dans lesquels dix iours, ils pourront aussi renoncer à leur appel. A quoy ne seront plus receus iceux dix iours passez sans relief.

LXXVII.

S'il y a appel de taxe de despens, l'appellant sera tenu (en appellant) de croiser les articles desquels il se sent greué, autrement il sera declaré non receuable.

LXXVIII.

Tous appellans seront tenus releuer & inthimer leur appel, asscauoir par deuant les Iuges d'appeaux inferieurs, dans vn mois, à compter dés le iour de l'appellation, & deuant le Senat dans deux mois, autrement sera l'appellation deserte.

LXXIX.

Et ne sera besoin és appellans, de demander apostres au Iuge *à quo*, ains luy sera loisible releuer leur appel nuëment, sans demander aucuns apostres, ny lettres dimissoires.

LXXX.

Si l'appellant, faisant inthimer son appel, baille assignation à longs iours, ou bien differe à releuer son appel, pour dilayer la matiere, l'appellé pourra obtenir en Chancellerie lettres d'anticipation, pour faire anticiper ledit appellant dans delay competant, comme bon semblera.

Voy au premier liure l'Arrest du 12. May 1566. folio 39.

LXXXI.

Si l'appellant ne releue son appel dans le temps sus mentionné, la partie le pourra faire adiourner sur lettres de Chancellerie en desertion, par deuant le Iuge auquel la cognoissance de l'appel appartient. Et ne pourra lors ledit appellant estre plus receu à poursuiure son appel, soit par lettres de Chancellerie en forme de relief, ou autrement. Ains sera l'appellation declaree deserte par lesdits Iuges, sans aucune remission.

Voy au present stil & reiglement l'article 78.

LXXXII.

Et sera ledit appellant condamné par le Senat pour la desertion, asscauoir en iugement, à l'amande de dix liures fortes, & s'il acquiesse & passe condamnation hors iugement, à la moitié moins.

LXXXIII.

Et si l'appellé ne veut faire adiourner sa partie en desertion, pourra

pourra demander par deuant le Iuge *à quo*, execution de la sentence dequoy auoit esté appellé, laquelle sera mise en execution, nonobstant opposition ou appellation quelconque, & sans ce qu'il soit besoin de faire adiourner l'appellant en desertion. Et neantmoins est enioinct au Procureur General de Mon-seigneur, qu'il face adiourner l'appellant au Senat, pour se voir declarer estre escheu en l'amende de dix liures.

Voy au present stil & reiglement l'article 257. au titre du Procureur & Aduocat General.

LXXXIIII.

Si celuy qui se seroit porté pour appellant, auoit quelque cause ou moyen, pourquoy il n'auroit peu releuer sondit appel dans le temps, il se pourra retirer à la Chancellerie, pour luy pouruoir de tel remede qu'on verra estre à faire, pourueu qu'il n'ayt pas esté appellé en desertion. Et neantmoins ladite sentence demeurera executee, iusques à ce qu'il soit cogneu, si les causes du reliefuement obtenu par ledit appellant sont vrayes, sinon és cas esquels l'execution ne pourroit estre reparee.

LXXXV.

Si l'appellant pretend auoir esté attenté au preiudice de son appel, & soit appellant desdits attentats en adherant, ou par appel releué à part, sera tenu ledit appellant en faire apparoir promptement par information deuëment faite, ou autrement. Et en cas qu'il ne face apparoir auoir esté fait attentat, le Procureur qui l'aura allegué, sera condamné à l'amande, & pareillement la partie qui aura fait faire l'adiournement sur ledit attentat. Et sera procedé premierement par les Iuges à la decision desdits attentats.

Voy au present stil & reiglement, article 295. Le mesme est pour les autres faicts.

LXXXVI.

Quand aucune cause sera commencee en premiere instanc, ou bien deuoluë par appel par deuant le Senat, ou autrement est expressement inhibé aux parties, & à leurs Procureurs, de n'en faire procez par escrit, si les matieres sont vuidables sur le champ en Audience, à peine de l'amande. Et afin que lesdits Procureurs puissent sçauoir quelles matieres seront vuidables sur le champ, ou non, leur est enioinct, que soudain apres la presentation par eux faite au Greffe, ils portent leurs pieces à l'Aduocat, pour sur l'aduis d'iceux faire mettre la cause au roolle, ou bien en faire procez par escrit.

Voy au premier liure des Edicts & Arrests, folio 52. La mesme inhibition est faite aux Iuges.

LXXXVII.

Et neantmoins, est expressement inhibé aux Aduocats postulans au Senat, de soustenir aucune cause vuidable sur le champ, si elle ne l'est, & aux Procureurs ne la faire mettre au roolle, ou appeller par attiquette, à peine de l'amande à leur propre & priué nom.

Voy au second liure des Edicts & Arrests, fol. 10.

Et au present stil & reiglement l'article 292.

LXXXVIII.

Esquelles matieres vuidables sur le champ, les parties ne seront tenues de produire leurs pieces au Greffe, pour en estre faite communication à la partie aduerse, par copie faite par le secretaire du Senat, ou son commis, ains suffira de se communiquer respectiuement les titres l'vn de l'autre, pour en venir prests au iour de la plaidoyerie.

Voy au premier liure des Edicts & Arrests du 14. Mars 1560. fol. 35.

LXXXIX.

Auquel

Auquel iour est aussi enioinct aux Aduocats & Procureurs, que quand la cause se plaidera, ils ayent promptement en iugement les actes & autres pieces concernant leur faict, à peine de l'amande, ou le Senat trouueroit que par leur negligence la matiere ne pourroit estre vuidee sur le champ.

Voy au second liure des Edicts & Arrests folio 6.

Et au present stil & reiglement, l'article 296.

X C.

Et seront lesdits Aduocats tenus, plaider par deuant le Senat à toutes fins, soit en plaidoyé verbal, ou par escrit, sans s'arrester aux fins de non receuoir, si aucunes en ont, ou autres exceptions, sauf à leur faire droict sur lesdites exceptions au prealable & par ordre, si faire se doit.

X C I.

Es appellations des sentences, ou il y aura plusieurs chefs & articles, seront les appellans tenus (dans dix iours apres la prononciation desdites sentences) declarer au Greffe des Iuges *à quibus*, les chefs & articles pour lesquels ils voudront soustenir leur appel, & consentir, que quant au surplus la sentence soit executee. Et de ce rapporteront acte, qu'ils seront tenus faire signifier à leur partie, ou à son Procureur de premiere instance, dans trois iours apres ladite declaration. Autrement, & à faute de ce faire, seront en tout & par tout declarez non receuables comme appellans, sans esperance de relief.

X C I I.

Appellans de sentences interlocutoires, seront tenus cotter les griefs par le menu, en appellant, ou bien en leur relief d'appel, autrement seront declarez non receuables appellans.

Voy le Statut, chapitre Cum quis.

Es matieres, qui ne seront vuidables sur le champ, les Procureurs seront tenus prendre leurs appoinctements ordinaires au Greffe, & conclurre comme en procez par escrit, dans huictaine pour tous delays, quand en seront requis, à peine de cinquante sols d'amande, & seront tenus de fournir griefs, responses à iceux, repliques & dupliques, dans les delays conuenus. Esquels delays & forclusion à faute de satisfaire, sera obserué l'ordre mis au, vingt, vingt-vn, vingt-deux, vingt-trois articles du present reiglement.

Voy au second liure des Edicts & Arrests folio 5. Quand il est permis aux Procureurs de fournir griefs.

XCIV.

Et neantmoins est permis aux parties de produire en l'instance d'appel titres non produicts en premiere instance, & articuler faicts nouueaux vne fois tant seulement, suiuant les anciens statuts, & sur iceux faire preuues & enquestes, si bon leur semble. Le tout dans les delays que dessus.

Voy au premier liure des Edicts & Arrests, rendu le 13. Feburier, 1560. folio 25. Cest article est restraint & declaré.

XCV.

En toutes appellations sera iugé, *An bene vel male*, sans mettre les appellations au neant, ny moderer les amandes du fol appel, & sans les pouuoir aucunement reduire ou moderer, sinon en la Cour souueraine du Senat, s'ils voyent que par quelque iuste cause ainsi se deust faire.

Voy au present stil & reiglement l'article 328.

XCVI.

Et sera l'amande ordinaire du fol appel, de cent sols en iugement, & la moitié moins si la partie appellante passe condamnation

damnation hors iugement.

XCVII.

Et par deuant les Iuges d'appeaux inferieurs, ladite amande sera de quarante sols en iugement, & de vingt sols hors iugement.

Voy le statut, chapitre, ad obuiandum. *liure 2. Pour raison des interlocutoires.*

XCVIII.

Es arrests donnez és instances d'appel par forclusion, les appellations ne seront mises au neant, mais se vuideront *An bene, vel malè.*

XCIX.

Et en toutes matieres, ou il y aura plusieurs appellations, y aura pour chascun appel vne amande ordinaire du fol appel, sans les pouuoir aucunemenr reduire ny moderer, sinon par deuant le Senat, s'il trouue que par quelque iuste cause ainsi se doit faire.

Voy au present stil & reiglement l'article 328.

C.

Les parties ne seront plus receues à debattre les sentences des Iuges inferieurs par deuant le Senat par voye de nullité, s'ils ne sont appellans desdites sentences, & s'ils n'ont releué leur appel par deuant ledit Senat.

Voy le statut, chapitre multitudinem, *liure 2. Comme il estoit ordonné par deuant le conseil.*

Et au present stil & reiglement l'article 210.

DES APPELLATIONS COMME d'abus.

C I.

LEs appellations comme d'abus interiettees par les Prestres, & autres personnes ecclesiastiques, és matieres de discipline & correction, ou autres pures personnelles, & non dependantes de realité, n'auront aucun effect suspensif, ains nonobstant lesdites appellations, & sans preiudice d'icelles, pourront les Iuges d'Eglise passer outre contre lesdites personnes ecclesiastiques.

Voy au premier liure des Edicts & Arrests, folio 23. Attendu que les iurisdictions sont separees voy l'arrest de la declaration des appellations.

C I I.

Les appellans comme d'abus, qui se departiront en iugement de leurs appellations releuees, payeront l'amande ordinaire du fol appel, & hors iugement, la moitié de ladite amande, & plus grande, si mestier est, à l'arbitration du Senat, auquel seul appartient la cognoissance de telles matieres.

Voy au present stil & reiglement l'article 208.

C I I I.

Et seront en outre condamnez enuers la partie pour leurs subterfuges, delays, & procez retardé, asscauoir en iugement en vingt liures, & hors iugement en la moitié moins.

Voy le statut, chapitre ad obuiandum, *liure 2. Pour raison des delays & autres prolongations.*

C I V.

Et

Et quant aux appellations plaidees & foustenues par lesdits appellans, s'ils sont trouuez appellans sans cause legitime, ils seront condamnez outre l'amande ordinaire, en vne amande extraordinaire enuers Mon-seigneur, & à la partie, selon l'exigence des cas, à la discretion du Senat.

DE L'EXECVTION DES SENTENCES & arrests.

C V.

TOus arrests du Senat, & aussi les sentences des Iuges Ducaux, & autres, seront d'ores enauant executees par les Huissiers dudit Senat, ou sergens premiers sur ce requis, & aux moindres frais & despens que faire se pourra. Et est expressement defendu, que pour executer les arrests & sentences, les parties au profit desquelles ils ont esté donnez, ne prennent aucuns des Conseillers dudit Senat, ny autres Iuges. Et s'ils les prennent, les parties condamnees ne seront tenues de payer plus grands frais & despens pour ladite execution qu'vn Sergent ou Huissier dudit Senat deuroit auoir, sinon toutesfois qu'en l'arrest ou sentence eust aucune chose à executer, qui requist cognoissance de cause. Auquel cas, les parties pourront prendre aucuns desdits Conseillers, tel qui sera commis par le President ou Iuge pour executer l'arrest ou sentence. Et est enioinct ausdits Conseillers & à tous autres Iuges, qu'ils s'abstiennent de prendre les executions de tels arrests & sentences, ou ne git cognoissance de cause.

Voy au premier liure des Edicts, & l'Arrest du 21. Iuillet 1560. folio 45. Les Procureurs qui auront esté constituez au procez, seront tenus d'assister, & procurer en l'instance d'execution des Arrests sur iceux procez interuenus.

C V I.

Et ou le condamné sera trouué appellant, ou autrement friuolement & induëment empeschant l'execution dudit iugement ou arrest, par luy, ou par personne suscitee ou interposite, il sera condamné en l'amande de cent sols, & outre en autre amande extraordinaire enuers Mon-seigneur, & en grosse reparation enuers la partie, à la discretion des Iuges. Et neantmoins sera la partie empeschant induëment ladite execution, condamnee à faire executer ledit iugement ou arrest, à ses propres cousts & despens, dedans certain brief delay, qui pour ce faire luy sera prefix, sur grosses peines, qui à celuy seront comminees. Et en defaut de ce faire dans ledit delay, sera contrainct par emprisonnement de sa personne.

Voy le statut, chapitre ad obuiandum, *liure 2. & 5.*

C V I I.

Et si sur l'execution dudit iugement ou arrest estoit requis cognoissance de cause pour meliorations, reparations, ou autres droicts qu'il conuiendroit liquider, le condamné sera tenu verifier & liquider lesdites reparations, meliorations, & autres droicts pour lesquels il pretend retention des lieux & choses adiugees, dedans certain brief delay, seul & peremptoire, qui sera arbitré par les executeurs, selon la qualité des matieres, & distance des lieux. Autrement à faute de ce faire dedans ledit temps, & iceluy escheu sans autre declaration ou forclusion, seront contraincts les condamnez s'en desister & departir de la iouyssance des choses adiugees, en baillant caution par la partie qui aura obtenu de payer apres la liquidation ce qui seroit deub au condamné, laquelle liquidation ledit condamné sera tenu faire dans vn autre brief delay, qui luy sera prefigé par les Iuges, autrement forclos.

Voy le statut, chapitre Si de & super, *liure 2. Telle cognoissance de cause est aussi obseruee pour le regard du tiers.*

C V I I I.

Les tiers opposans à l'execution des arrests du Senat, s'ils sont deboutez de leurs oppositions, seront condamnez enuers Mon-seigneur en l'amande de cent sols, & à la moitié moins enuers

enuers la partie, & plus grande, si mestier est, selon la qualité & malice des parties. Et les tiers opposans contre l'execution des sentences non suspendues par appel, seront condamnez en cinquante sols d'amande enuers Mon-seigneur, & la moitié moins enuers la partie, & plus grande si mestier est, comme dessus, sinon que lesdits opposans renoncent à leurs oppositions dans la huictaine apres l'opposition formee.

Voy au present stil & reiglement l'article 106.

Et le statut, liure 2. *chapitre* ad obuiandum.

CIX

Apres an & iour de la datte des sentences & arrests, ne se pourront plus lesdites sentences & arrests executer, qu'au preable la partie ne soit appellee, pour voir si elle veut empescher l'execution. Sauf à se pouruoir en Chancellerie par relief du suran.

Voy au premier liure des Edicts & Arrests, folio 25. *Le mesme est pour les reuisions desdits arrests.*

CX.

Et semblablement toutes lettres apres an & iour, ne seront plus d'aucune force & vigueur, ains sera necessaire d'en obtenir des nouuelles aux parties, si bon leur semble, sauf ausdites parties se pouruoir par relief du suran en Chancellerie, comme par le precedent article.

Voy au present stil & reiglement l'article 150. *Voy le temps dans lequel elles doiuent estre presentees.*

DES MATIERES POSSESSOIRES BENEficiales, & autres.

CXI.

ES matieres possessoires, tant beneficiales que prophanes, ne sera receue aucune complainte apres l'an, sinon qu'il apparut esdites matieres beneficiales, le defendeur n'auoir titre apparant pour iustifier sa possession.

Voy le statut, liure 2. chapitre ecclesiastic. *Pour obuier à icelle toutes forces & troubles sont prohibez.*

Voy au present stil & reiglement l'article 124.

CXII.

Et seront tous procez de matieres beneficiales expediez, decidez & determinez sur le champ en Audience (si faire se peut) par les lettres & titres des parties Et si par lesdites lettres & titres, le tout du possessoire ne se pouuoit promptement adiuger, ains falust appoincter les parties contraires en leurs faicts, la recreance sera adiugee par lesdites lettres & titres sur le champ, si faire se peut: ou bien sera procedé par sequestre, comme les Iuges verront à faire par raison. Et le surplus dudit possessoire sera le plus briefuement & diligemment expedié que faire se pourra.

Voy au second liure des Edicts & Arrests folio 6. Lesquels les Aduocats & Procureurs auront en la main.

Voy au present stil & reiglement l'article 89.

CXIII.

Esdites matieres possessoires beneficiales, l'on communiquera respectiuement les titres dés le commencement de la cause, pourquoy faire sera baillé vn seul delay competant, tel qu'on verra estre raisonnable, selon la distance des lieux. Et par faute d'exhiber, se fera adiudication de recreance ou maintenue, sur les titres & capacité de celuy qui aura fourny. Qui sera executee nonobstant l'appel, quand elle sera donnee auec le nombre d'accesseurs à ce requis.

Voy au present stil & reiglement l'article 120.

CXIV.

Apres que les parties auront contesté, & esté appoinctees en droict, leur sera baillé vn seul brief delay pour escrire & produire, qui ne pourra estre prorogé pour quelque cause que ce soit.

Voy au present stil & reiglement l'article 49.

CXV.

Et auront les parties communication de leurs productions dedans trois iours, & de huictaine en huictaine. Apres pourront bailler contredits & saluations, autrement n'y seront plus receus, ains seront les procez iugez en l'estat, sans autre forclusion ny signification de requeste, sinon que par quelque iuste occasion leur fust baillé encores vn brief delay, ce qui ne sera faict sans grande euidente cause.

Le mesme est és causes d'Audience. Voy la suitte fol. 14. & 37.

CXVI.

Ne sera par cy apres adioustee foy aucunement aux signatures, ny autres semblables pieces apportees de Cour de Rome, sinon qu'elles ayent esté deuëment recognues par deuant les Iuges ou Commissaires deputez par ledit Senat, partie deuëment appellee.

Voy au present stil & reiglement, l'article 50. Comme il est obserué es signatures priuees.

CXVII.

Si pendant vn procez en matiere beneficiale, l'vn des litigeans resigne son droict, il sera tenu faire comparoir en cause celuy auquel il aura resigné, autrement sera procedé à l'encontre du resignant, tout ainsi que s'il n'auoit resigné, & le iugement qui sera donné à l'encontre de luy, sera executoire contre le resignataire.

CXVIII.

Apres le possessoire intenté, en matiere beneficiale, ne se pourra faire poursuitte par deuant le Iuge d'Eglise sur le petitoire, iusques à ce que le possessoire ayt esté entierement vuidé par iugement de pleine maintenue, & que les parties y ayent satisfait & fourny, tant pour le principal, que pour les fruicts, despens, dommages & interests.

Voy au present stil & reiglement l'article 120. Lesdites maintenues seront vuidees par les Iuges Ducaux.

CXIX.

Et est expressement inhibé & defendu, à tous pretendans droicts & titres és benefices ecclesiastiques (situez és terres de Mon-seigneur) de commettre aucune force, ny violence priuee ou publique esdits benefices, & choses qui en dependent. Et sont dés à present comme pour lors declarez, ceux qui commettront lesdites forces & violences, priuez du droict possessoire qu'ils pourroyent pretendre esdits benefices.

Voy le Statut, chapitre sequestrationes, *liure 2. Le mesme est dit au statut pour les choses temporelles.*

CXX.

Et à ce que les Iuges Ducaux puissent plus seurement proceder au iugement desdites recreances, pleine maintenue ou reintegrande, est expressement enioinct ausdits Iuges, qu'ils appellent auec eux (pour le moins) deux notables Aduocats de leurs sieges, lesquels seront esleus par les parties, dans le delay qu'il ordonnera. Autrement à faute d'y auoir satisfait dans ledit delay, ledit Iuge les appellera tels que bon luy semblera, selon la loyauté & conscience. Lesquels Aduocats seront tenus auec ledit Iuge, designer la sentence ou le dictum d'icelle.

Voy au present stil & reiglement l'article 38. Aussi les choses prophanes doiuent resortir deuant les Iuges temporels.

CXXI.

Et seront les sentences donnees en la forme que dessus executoires, nonobstant opposition ou appellation quelconque, & sans preiudice d'icelles, en baillant bonne & suffisante caution par la partie qui aura obtenu de rendre les fruicts, s'il est dit que faire se doiue.

Voy

Voy au present stil & reiglement l'article 128.

CXXII.

Et neantmoins est expressement inhibé & defendu, à tous Iuges non Ducaux, de prendre cognoissance des matieres beneficiales, à peine de nullité, & d'amande arbitraire.

Voy au premier liure des Edicts & Arrests fol. 23.

CXXIII.

Esquelles inhibitions l'on declare qu'on n'entend y comprendre le Conseil des Geneuois, lequel pourra cognoistre de telles matieres.

Le mesme.

CXXIV.

Pource que par le passé se sont veus des grands procez, aduenus à cause de ce, qu'apres la mort de quelcun, son heritage estoit vsurpé par plusieurs gens, auant que l'heritier en eust peu prendre la reelle possession, de sorte que pour en pouuoir estre iouyssant, il estoit contrainct de consumer bonne partie dudit heritage en procez, contre tout deuoir & raison. A esté ordonné, que soudain apres la mort du defunct, la possession de tous les biens de son heritage, sera transferee & continuee, *ipso iure*, en la personne de son heritier, ou hoirs vniuersels, lesquels seront tenus pour vrays possesseurs desdits biens, tout ainsi qu'estoit le defunct, duquel ils sont heritiers, sans qu'il soit besoin qu'ils prennent autre actuelle & reelle possession. Et pourront iceux heritiers intenter tous tels remedes du droict, pour raison desdits biens, que peuuent intenter ceux qui sont spoliez des biens, lesquels ils possedoyent reellement & de faict.

Voy le statut, chapitre ecclesiastica, *liure* 2. *Ce qui est prohibé*

Voy le statut, chapitre, de restitutione spoliat. *liure* 2.

DES SENTENCES EXECVTOIRES, nonobſtant oppoſitions ou appellations.

CXXV.

TOutes ſentences de prouiſion d'aliments & medicaments, non excedans la ſomme de quarante florins, de matiere de dot ou repetition d'icelle, de confection d'inuentaire, & refection de pons & de paſſages, donnees par les Iuges ſubalternes, tant Ducaux, qu'autres, seront executees nonobſtant oppoſitions ou appellations quelconques, & ſans preiudice d'icelles, en donnant caution entant que concerne leſdites matieres d'aliments, medicaments & de dot, de rendre & reſtituer le tout, ſi ainſi eſt ordonné.

Voy le ſtatut liure 2. chapitre Pontes. *Pour la reparation des Ponts.*

CXXVI.

Toutes ſentences de garniſon de main de quelque ſomme de deniers donnees par Iuges ducaux, à toutes ſentences diffinitiues donnees par leſdits Iuges és matieres pures perſonnelles, qui n'excederont la ſomme de vingt cinq florins, seront executees nonobſtant oppoſitions ou appellations quelconques, & ſans preiudice d'icelles, en donnant caution comme deſſus.

Voy le ſtatut liure 5. *De meſmes les ſentences rendues ſur vn inſtrument ſans modification de ſomme.*

CXXVII.

Les ſentences donnees par contumace, ſeront executoires nonobſtant l'appel, és cas eſquels elles ſont declarees cy-deſſus executoires, quand elles ſont donnees parties oüyes,

CXXVIII.

Es matieres poſſeſſoires, ſi l'vne des parties auparauant la recreance adiugee, appelloit de quelque interlocutoire, les Iuges

Ducaux

Ducaux ne differeront de proceder, nonobstant ledit appel ou appeaux, & sans prejudice d'iceux, sinon qu'il fust question de la competance ou incompetance du Iuge, ou de la recusation d'iceluy.

Voy au present stil & reiglement l'article 121.

CXXIX.

Et semblablement en toutes interlocutoires, qui se peuvent reparer en diffinitiue, lesdits Iuges pourront passer outre iusques à la diffinitiue inclusiuement, nonobstant toutes oppositions ou appellations, & sans preiudice d'icelles. Si toutesfois par le Senat estoit specialement ordonné inhibition leur estre faite de ne proceder outre, leur est enioinct y obeyr.

Voy le statut liure 5. S'il est permis d'appeller d'interlocutoires.

CXXX.

Toutes sentences donnees par le Conseil de Geneuois, pourront estre executees, nonobstant oppositions ou appellations quelconques, & sans preiudice d'icelles, és cas esquels il est permis aux Iuges Ducaux executer leurs sentences, comme il est declaré cy-dessus.

DES ROOLLES TANT ORDINAIRES qu'extraordinaires des causes vuidables en Audience par deuant le Senat.

CXXXI.

POur acceleration de la vuidange des procez, & pour euiter confusion qui prouient de multiplicité d'attiquettes, qui sont presentees par les parties les iours d'Audience, seront faits deux roolles, assçauoir le roolle ordinaire, auquel seront mises les causes d'appel tant seulement, lequel s'appellera le sabmedy. & l'autre roolle extraordinaire, auquel seront mises les causes & instances de requeste, & autres pendans par deuant le Senat, & se plaidera le mardy.

Voy au ſecond liure des Edicts & Arreſts folio 10. Auſſi eſ[illegible] du de preſenter attiquettes des cauſes qui ſont au roolle.

CXXXII.

Et pour l'ordre deſdits roolles plus conuenablement garde ſera tenu le ſecretaire des preſentations mettre premierement les cauſes eſquelles le Procureur General de Mon-ſeigneur eſt principale partie. Et ſubſequemment il mettra en ſondit roolle par ordre toutes les autres cauſes ſelon le temps qu'elles ſont introduites au Senat, ſans poſtpoſer l'vne à l'autre, à peine de l'amande.

Voy le ſtatut liure 2. Le meſme eſt pour les prothocolles ou regiſtres. Voy au preſent ſtil & reiglement les articles 272. & 273.

CXXXIII.

Et à ce que ledit ſecretaire en ce ne ſoit ſurprins, & qu'il puiſſe ſcauoir quelles cauſes il luy conuient mettre audit roolle des Audiences, ſera le *a* Procureur preſenté tenu dans huictaine (apres preſentation) aller declarer audit ſecretaire des preſentations, eſcrire, ſigner, & parapher de ſa main s'il entend, que la cauſe ſoit miſe, ou non miſe au roolle des Audiences, pour eſtre miſe, ou non miſe audit roolle, ſelon ladite declaration, & à ſon tour, ſur peine de cinquante ſols d'amande à l'encontre du Procureur qui à ce n'auroit obey dedans ledit temps. Et ſouffrira pour la deſcharge dudit ſecretaire, que le Procureur de l'vne des parties ayt declaré comme deſſus, qu'il entend que la cauſe ſoit miſe audit roolle des Audiences, encores que l'autre Procureur maintient qu'elle ne ſera vuidable ſur le champ.

Voy l'Arreſt du 4. Feburier 1563. folio 39. a Les Procureurs ſont tenus de mettre en leurs attiquettes d'Audience les fins de leur requeſte.

Voy au premier liure des Edicts & Arreſt rendu le 4. Feburier 1563. folio 42. Et auant que remettre les attiquettes aux Greffiers, les Procureurs

CXXXIV.

Et est defendu sur peine de vingt-cinq sols d'amande, bailler requeste au Senat, pour faire mettre la cause au roolle des procez, qui se vuident à l'Audience ordinaire, attendu que le Secretaire est tenu le faire selon l'ordre des presentations, excepté toutesfois si ledit secretaire auoit preposteré l'ordre, au dommage de celuy qui voudroit sur ce bailler requeste à l'encontre de luy.

Voy au second liure des Edicts & Arrests folio 10.

CXXXV.

Seront tenus les Procureurs qui mettront leurs causes esdits roolles, mettre & escrire au Greffe les noms des Procureurs des parties aduerses, lesquels noms le secretaire des presentations sera tenu mettre en la marge desdits roolles, afin qu'on sache qui seront lesdits Procureurs, & qu'ils ne se puissent excuser, sur peine d'estre condamnez en l'amande, en leur propre & priué nom.

Voy au second liure des Edicts & Arrests fol. 10. Ce que les Procureurs doiuent faire mettant les causes au roolle.

CXXXVI.

Lesdits roolles parfaicts, le secretaire sera tenu les porter au President du Senat, ou autre exercant la charge en son absence, qui le signera, & puis sera publié, afin que les Procureurs puissent faire tenir prests leurs Aduocats pour le iour de la plaidoyerie.

Voy au present stil & reiglement l'article 266.

CXXXVII.

Et seront les causes desdits roolles appellees au iour d'Audience, & expediees sans interruption, sinon que pour l'expedition des prisonniers, pauures & miserables personnes, ou autres choses tres-vrgentes & necessaires pour le bien de iustice fust necessité de bailler Audience par attiquette, sur quoy l'on charge l'honneur & conscience du President du Senat.

Voy au second liure des Edicts & Arrests folio 10.

CXXXVIII.

Et neantmoins pour esuiter que ledit President ne soit inquieté par les parties, luy est expressement inhibé, de ne faire appeller és iours des Audiences, que deux ou trois causes au plus par attiquette. Et ou il en voudroit faire appeller d'auantage, est expressement enioinct au Senat de ne le permettre, & au Procureur General de tenir main à faire obseruer le present reiglement, & faire continuer les roolles.

Voy au present stil & reiglement l'article 228.

CXXXIX.

Pourra toutesfois ledit President ou il y aura cause vrgente, bailler Audience aux parties, les autres iours que ne se tiendront les Audiences publiques, & ce à l'issuë du Senat en la chambre du Conseil, ou la matiere le requerra, & y aura heure pour ce faire.

Voy le statut liure 2. *chapitre* perpetuo.

DES RECOGNOISSANCES DE Cedules.

CXL.

TOutes personnes qui seront adiournees en recognoissance de cedules, seront tenus icelles recognoistre ou nier en personne, ou par Procureur specialement par deuant le Iuge seculier, en la iurisdiction duquel seront trouuez, sans pouuoir alleguer aucune incompetance, & ce auant que partir du lieu ou lesdites parties seront trouuez. Autrement lesdites cedules seront tenues pour confessees par vn seul defaut, & emporteront

ront hypotheque dés le iour de la sentence, comme si elles auoyent esté confessees.

Voy le statut liure 2. chapitre 139.

CXLI.

Si aucun adiourné en recognoissance de cedule, comparoist ou conteste deniant sa cedule, & par apres elle est prouuee par le creancier, l'hypotheque courra, & aura lieu du iour de ladite denegation & contestation.

La mesme.

CXLII.

En toutes executions, qui se feront par vertu d'obligations receues par Notaires Ducaux, & ayans pouuoir de receuoir contracts dans ce ressort, ou passees sous le seel Ducal, sera le debiteur contrainct consigner le debte és mains du creancier par prouision, en baillant par ledit creancier bonne & suffisante caution de le rendre, s'il estoit dit en fin de cause. Et à ce sera reellement & de faict contrainct le debiteur, selon la forme desdites obligations, nonobstant oppositions ou appellations quelconques, & sans preiudice d'icelles.

Voy le dernier liure des Statuts au titre sententiæ, &c.

CXLIII.

Et seront les lettres obligatoires (passees soubs seel Ducal) executoires par tout.

La mesme.

CXLIV.

Et quant à celles qui seront passees soubs seaux authentiques, elles seront aussi executoires contre les obligez & leurs heritiers, en tous lieux où ils seront demeurans lors de l'execution, & sur tous leurs biens quelque part qu'ils soyent situez ou trouuez, pourueu que du temps de l'obligation ils fussent demeurans au dedans du destroict & iurisdiction ou lesdits seaux sont authentiques.

Voy le statut liure 2. chapitre 138.

CXLV.

Et à ceste fin est enioinct & commandé à tous Notaires, de mettre par leurs contracts (sur peine de priuation de leurs offices) les lieux des demeurances desdits contrahans.

Voy au second liure des Edicts & Arrests folio 20.

CXLVI.

Et si contre l'execution desdites obligations y a opposition, les biens prins par execution, & autres (s'il n'est suffisant) ne laisront pource d'estre vendus, & les deniers mis és mains du creancier, nonobstant oppositions ou appellations quelconques, par prouision, en donnant par luy bonne & suffisante caution, & constituant achepteur du bien de iustice.

Voy le statut, chapitre 24. Du feu Duc Charles.

CXLVII.

L'heritier de l'obligé adiourné par l'exploict libellé deuëment fait, pour voir declarer executoire l'obligation passee par son predecesseur, s'il ne comparoist, sera par vn defaut ladite obligation declaree executoire contre le defaillant, par prouision, sans preiudice des droicts dudit pretendu heritier au principal.

Voy le statut liure 2. chapitre 138.

CXLVIII.

Et au regard de ceux qui auront fait faire aucun emprisonnement à tort sur le faict desdites obligations ou autrement, ils tiendront prison iusques à ce qu'ils ayent payé les dommages & interests, tels qu'ils seront taxez par iustice, & qu'il en soit apparu

.. par acte du greffier, iceux dommages & interests prealablement liquidez.

Voy le statut, liure 2. chapitre 85. & és statuts du feu Duc Charles chapitre 17.

CXLIX.

Et n'y aura aucun lieu d'immunité pour debtes, ny autres matieres ciuiles ou criminelles, & se pourront toutes personnes prendre à franchise, & sauf à les reintegrer en matiere criminelle, s'il est par apres ainsi ordonné par le Iuge, quand il y aura prise de corps decernee à l'encontre d'eux, sur les informations faites des cas dont ils sont chargez & accusez,

Voy le statut folio 35.

DES LETTRES DE CHANCELLERIE, REstitutions, & reliefuement du mineur & autres.

CL.

TOutes lettres de Chancellerie, tant de grace qu'autres, se presenteront au Senat dans trois mois, à conter du iour & datte de l'impetration d'icelles, autrement n'y seront plus receus les impetrans.

CLI.

a Il est defendu à tous Iuges de n'obtemperer aux lettres de Chancellerie, sinon qu'elles soyent ciuiles & raisonnables. Et pourront les parties icelles debattre & impugner de subreption, obreption & inciuilité, & à ce faire seront oüyes lesdites parties, tant par le Senat qu'autres Iuges.

Voy au premier liure des Edicts & Arrests folio 95. **a** *Le taux des emoluments qui se doiuent payer pour obtenir dispensation de serment des Iuges ecclesiastiques* ad fines agendi *en matiere de relief est declaré par Arrest du Senat du 20. de Iuin, mil cinq cens soixante quatre.*

C.L.I.I.

Et s'ils les trouuent estre subreptices, obreptices, ou inciuiles, en debouteront les impetrants auec despens. Et si par dol, fraude, malice, ou par cautelles des parties, lesdites lettres auroyent esté impetrees pour delayer la cause, seront les impetrans punis d'amande arbitraire, selon que le cas le requerra.

Voy l'article precedent.

C.L.I.I.I.

En tous reliefuements ou restitutions fondez sur minorité, perscription, force, contrainɗe, dol, simulation, crainte, ou autres semblables causes desdits reliefuements, ne seront donnees lettres en Chancellerie, que la partie ne specifie & declare particulierement & par le menu les causes pour lesquelles elle demande estre receuee, & non en termes generaux.

C.L.I.V.

Apres l'aage de trente-cinq ans parfaicts & accomplis, ne se pourra pour le regard du priuilege ou faueur de minorité, plus deduire ne poursuiure la cassation desdits contracts en demandant ou en defendant par lettres de reliefuement, ou autrement, soit par voye de nullité pour alienations de biens immeubles, faites sans decret ny authorité de Iustice, lezion, deception & circonuention, sinon ainsi qu'en semblables contracts seroit permis de droict aux maieurs d'en faire poursuitte par reliefuement ou autre voye.

Voy au present stil & reiglement l'article 380. Pour sçauoir l'aage.

X L.V.

Toutes lettres octroyees en la grand' Chancellerie de Monseigneur, concernans les personnes, ou choses estant du ressort dudit Senat, seront presentees à iceluy, pour auoir pareatis, ou pour les interiner, comme la matiere le requerra. Et ou elles ne seront trouuees ciuiles & raisonnables, elles seront retenues par ledit Senat sans s'i arrester, & en sera donné aduis à Monseigneur.

seigneur. Et ou elles seront trouuees raisonnables, y sera pourueu par ledit Senat, comme il verra estre à faire par raison.

Voy au premier liure des Edicts & Arrests folio 20. Mesme par lettres de grace.

CLVI.

Et quant aux lettres, lesquelles seront en partie raisonnables, & en partie non, pourra le Senat, icelles interinant, les declarer, restraindre, limiter & modifier, selon qu'ils verront estre necessaire pour le seruice de Mon-seigneur & vtilité publique. Ne pourront toutesfois proceder les gens dudit Senat au iugement & decision de telles matieres, qu'ils ne soyent au nombre de sept, pour le moins.

Voy au present stil & reiglement l'article 206. & l'Arrest cotté en iceluy.

DES CRIEES ET SVBHASTATIONS.

CLVII.

EN toutes criees & subhastations, sera obseruee la forme portee par les anciens statuts de ce pays, & lesdites subhastations parfaictes, seront enregistrees aux greffes des Chastellenies des lieux où elles se feront, à peine de nullité & d'amande arbitraire.

Voy le statut, liure 2. & dernier chapitre.

CLVIII.

Et ce fait le poursuiuant lesdites criees, s'il a fait executer en vertu des lettres de debitis, obtiendra lettres de mise en possession du Iuge riere le ressort duquel les biens subhastez seront situez. Et si l'execution est faite en vertu de quelque sentence, prendra ledit poursuiuant lesdites lettres de mise en possession, du Iuge qui aura donné ladite sentence, lesquelles lettres contiendront clauses d'opposition, ainsi qu'anciennement estoit obserué.

La mesme.

C L I X.

Et seront les six mois donnez par le statut, pour reachepter les biens subhastez, contez dés le iour de la mise en possession faite apres l'expedition desdits biens, ledit iour y compté.

Comme dessus.

C L X.

Lesquels six mois passez, le poursuiuant lesdites criees, fera appeller sa partie en iugement, si bon luy semble, pour les venir debattre de nullité, si aucune en pretend, & voir interposer le decret & authorité iudiciaire sur iceux, sur quoy, tant pour le principal, que pour tous despens, sera procedé par le Iuge (parties ouyes, ou elles defaillans) comme de raison.

C L X I.

Et ou ledit poursuiuant sera negligent faire appeller sa partie en ladite interposition de decret, sadite partie (iusques à ce que icelle interposition soit faite) sera receue dans le temps pour ce prefiz de droict à debattre lesdites criees & subhastations de nullité, & autrement comme bon luy semblera.

C L X I I.

Et semblablement pourra celuy, contre lequel seront faites lesdites subhastations, faire appeller en iugement (dans les six mois donnez par le statut pour reachepter) son creancier qui les aura fait faire, pour les debattre de nullité, ou autrement, offrant promptement. Et au prealable les sommes pour lesquelles auront esté faites lesdites subhastations, le tout à la forme du droict.

C L X I I I.

Tous opposans calomnieusement à criees, qui seront debou-

cez

tez de leur opposition, seront condamnez en l'amande ordinaire, telle que du fol appel par deuant le Senat, & à la moitié moins és autres iurisdictions inferieures. Et plus grande à la discretion de iustice, si la matiere y est trouuee disposee, & autant enuers les parties.

Voy le statut, liure 2. chapitre 174. En cas de criees ils seront receus.

DES DONATIONS.

CLXIV.

TOutes donations faites entre vifs, soyent conditionnelles ou autres, (sauf est reserué les donations faites en contracts de mariage, & pour cause de nopces) seront insinuees & enregistrees és Courts & Iurisdictions des Iuges Ducaux plus proches du domicile des parties, autrement seront reputees nulles. Et ne commenceront à auoir leur effect que du iour de ladite insinuation.

Voy le statut liure 3. chapitre 15.

CLXV.

Pourront aussi lesdites donations estre insinuees par deuant le Conseil de Geneuois, pourueu que ce soyent donations faites entre personnes demeurans riere le ressort dudit Conseil, & pour raison des biens situez audit ressort, & non autres.

Voy le statut comme dessus. Ce que aussi est permis à chacun Iuge.

DES COMMISSAIRES A FAIRE enquestes.

CLXVI.

IL est inhibé & defendu à tous Commissaires faisans enquestes, d'inserer en leurs procez verbaux les copies de leur commissions, de faicts & procurations, ou autres pieces qui leur seront presentees par les parties, ains les ioindront originairement à leurs procez, sinon que les parties voulussent retirer leursdites pieces. Et si est inhibé ausdits Commissaires ne faire apprinses des lieux, iours & heures des assignations, quand la partie appellee comparoist par elle ou par Procureur. Et quand elle ne comparoist, sera faite ladite apprinse sommairement, sans inserer depositions de tesmoins, ains leur simple rapport generalement & en substance.

Voy le statut du Duc Charles, liure 2. chapitre 20. & 149. Ceux qui doiuent estre commis à faire enquestes.

CLXVII.

Et feront tous lesdits Commissaires faire eux mesmes les examents & interrogatoires des tesmoins present leur adioinct, & dicter les depositions d'iceux tesmoins aux Secretaires ou Clercs, & si eux mesmes sont Secretaires ou Clercs, seront tenus les escrire, sans faire faire les examents de tesmoins par leurdit adioinct, Secretaire ou Clerc.

Comme dessus. S'ils ne sont excusables.

CLXVIII.

Seront aussi lesdits Commissaires tenus interroguer les tesmoins de la raison de leurs dits & depositions, & icelle rediger par escrit auec lesdites depositions, sur peine d'amande arbitraire.

CLXIX.

Et apres ce qu'ils auront oüy vn chascun desdits tesmoins, & redigé son dire par escript, liront leurs depositions deuant eux. Et s'il y a aucune chose obmise, trop escripte, ou autrement couché qu'elle ne doit estre, lesdits Commissaires en feront leur correction pertinente sur les minutes, qui seront escriptes de la main propre de celuy qui aura fait icelles minutes en la presence des tesmoins, qui seront tenus les signer [s'ils le scauent faire] afin qu'aucune faute ou erreur ne soit commise, & que

que les depositions des tesmoins soyent couchees verbalement comme ils entendent.

Voy au premier liure des Edicts & l'Arrest du 17. Mars 1565. folio 38. Les Commissaires & adioincts sont tenus de signer les depositions de chasque tesmoin, & pourquoy

CLXX.

Et seront tenus lesdits Commissaires en faisant leurs enquestes, mettre & faire escrire les depositions des tesmoins tout au long, sans vser de ces termes. Dit & depose, que l'article contient verité,

CLXXI.

Et leur est aussi enioinct qu'ils examinent les tesmoins particulierement, & facent rediger leur deposition au vray, comme ils l'auront proferee, sans les referer les vns aux autres.

CLXXII.

Seront tenus iceux Commissaires inserer dans leurs procez verbaux, les noms, surnoms, aages, qualitez & demeurances des tesmoins par eux examinez, leur estat, art, & mestier, la production d'iceux, & par qui, la prestation du serment, & relation des sergens contenants les adiournements faits aux tesmoins & aux parties pour les voir iurer, afin que lesdites parties puissent impugner les procez verbaux, & enquestes de nullité, & afin de bailler les reproches des tesmoins comme ils verront à faire.

Voy le statut du feu Duc Philibert chapitre 9. Des reproches. Et és statuts de feue Madame Yoland chapitre 13.

CLXXIII.

Ne pourront le pere & le fils, le frere, gendre, nepueu, & Clercs des Commissaires estre prins pour adioinct par ledit Commissaire, encores que les parties y consentissent.

CLXXIV.

TOutes parties precendans vouloir recuser les Iuges, par deuant lesquels sont pendans leurs procez, seront tenus mettre leursdites causes de recusations par escript, auec paroles modestes & reuerantes, & les presenter au Iuge qu'ils voudront recuser, le requerant s'abstenir de la cognoissance de leur matiere. Et ce auant contestation de plaids, sinon que telle cause fust suruenue apres la contestation, laquelle se pourra proposer iusques le procez soit couché en droict.

Voy au second liure des Edicts & Arrests folio 32.

CLXXV.

Et si lesdites recusations sont friuoles, & non receuables, le Iuge recusé les pourra telles declarer, & ordonner que nonobstant icelles il passera outre.

CLXXVI.

Et s'il y en a appel, sera, nonobstant iceluy passé outre, non par le Iuge recusé, mais par son Lieutenant, ou autre qui a accoustumé tenir le siege en son absence, tellement que pour la proposition de ladite recusation & appellation sur ce interiectee, la procedure ne soit aucunement retardee.

Voy au present stil & reiglement l'article 180.

CLXXVII.

Et s'il a esté sur ce friuolement appellé, & l'appellant vueille acquiesser, si c'est hors iugement, sera condamné en dix liures d'amande, moitié à Mon-seigneur, & moitié à la partie, & si c'est en iugement, en quinze liures applicables comme dessus.

Voy le statut liure 2. *chapitre* ad obuiandum.

CLXXVIII.

Si lesdites causes de recusation sont trouuees legitimes, sera baillé

baillé vn seul delay pour les prouuer & verifier, non pas par le Iuge recusé, mais par celuy qui doit tenir le siege en son lieu, (comme dit est) lequel à faute de ladite verification au dedans dudit delay, & apres iceluy escheu & passé, & sans autre declaration ne forclusion, deboutera le proposant desdites causes de recusation.

Voy le statut liure 2. chapitre 127.

CLXXIX.

Et sera ledit proposant pour chascun faict de recusation calomnieusement proposé contte aucuns des Presidens, ou Senateurs du Senat, condamné en cent sols d'amande, moitié enuers Mon-seigneur, & moitié enuers la partie, & aux iustices inferieures en la moitié moins.

Voy de l'amande audit chapitre.

CLXXX.

Et neantmoins nonobstant ladite recusation & delay baillé pour la verifier, sera passé outre au principal, par deuant le Iuge non recusé qui aura baillé ledit delay, & qui a accoustumé tenir le siege au lieu dudit recusé.

Voy au present stil & reiglement l'article 176.

CLXXXI.

Suiuant tant les anciens statuts de ce pays, que le statut de tres-illustre Prince le Duc Charles dernier decedé, est declaré qu'aucun ne sera plus receu à recuser le corps du Senat, ne sera aussi plus receu à proposer recusation contre les Presidents & Conseillers dudit Senat, ou autres Iuges apres le plaid contesté, sinon pour quelque cause suruenue de nouueau, depuis ladite contestation, ou bien que vray-semblablement le recusant ayt peu ignorer ladite cause de recusation auant icelle contestation, sur quoy sera tenu se purger par serment, & en ce cas pourront estre proposees lesdites recusations, auparauant que le procez soit mis sur le Bureau. Et si elles se trouuent legitimes & raisonnables par ledit Senat ou autres Iuges, tels recusez seront tenus s'abstenir d'assister au iugement du procez, & non autrement.

Voy le statut du feu Duc Charles, chapitre 13.

CLXXXII.

Et quand elles sont proposees, & sont trouuees raisonnables, auant que mettre la partie en preuue, pourra le Senat interroguer le recusé de la verité de ladite recusation, pour y auoir tel esgard que de raison.

Voy le statut liure 2. chapitre 127. Aussi doiuent elles estre recusees.

CLXXXIII.

Et si les recusations ne sont verifiees, & sont iniurieuses, en chargeant l'honneur du recusé, le Senat punira celuy qui les aura baillé de peine arbitraire, selon l'exigence des cas & qualité de l'iniure. Si toutesfois apres que le procez sera mis sur le Bureau aucunes causes de recusation venoyent à la cognoissance de la partie, elle les pourra proposer en affermant par serment lesdites causes estre de nouueau venues à sa cognoissance.

Voy au second liure des Edicts & Arrests folio 31.

CLXXXIV.

Pource que par cy-deuant plusieurs fois s'est veu qu'aucunes des parties voulans empescher la vuidange des procez pendans par deuant le Senat, & preuoyans le iugement qui par raison deuoit estre donné contre eux, ont proposé plusieurs recusations contre tous les Presidents & Conseillers dudit Senat, ou bien la plus part d'eux, de sorte qu'ils ne demeuroyent en nombre suffisant pour pouuoir faire arrest, & par le moyen de ce estoit retardee l'expedition de iustice, au grand dommage & interests de ceux qui poursuiuoyent leur droict, & de la Republique. A esté ordonné, que par cy-apres quand tous lesdits Presidents

Presidents & Conseillers (ou bien la plus part d'eux, comme sus est dit) seront recusez, pourront lesdits recusez iuger les causes de recusation contre eux mises en auant, ensemblement auec les non recusez, si aucuns en sont demeurez en nombre non suffisant pour faire arrest, & ou n'en sera demeuré aucun, qui ne soit recusé, pourront neantmoins lesdits recusez iuger lesdites recusations. Estant toutesfois gardé tel ordre, qu'icelles recusations proposees separément contre chacun d'eux (ce que sera tenu faire le recusant, autrement n'y sera receu) se iugeront l'vne apres l'autre, tousiours en absence de celuy contre lequel elles seront donnees. Et ou lesdites recusations, ou bien partie d'icelles seront trouuees pertinentes & raisonnables, se declaireront telles par arrest, & seront tenus les recusez s'abstenir d'assister à la formalité & iugement du procez dont sera question. Et ou elles seront trouuees friuoles & impertinentes, seront aussi par lesdits Presidents & Conseillers declarees telles par arrest, nonobstant qu'ils ayent esté recusez, & passeront outre à l'instruction & iugement du procez, comme ils verront à faire par raison. Et neantmoins, pour la calomnie & malice du proposant, outre l'amande ordinaire le condamneront en grosse amande enuers Monseigneur, selon la grauité du cas & qualité des parties, & en grosse amande, ensemble aux dommages & interests enuers la partie poursuiuant iustice.

Voy au present stil & reiglement l'article 206. Du nombre requis pour donner arrest.

Voy le statut du feu Duc Charles liure 2. chapitre 13. & 127.

Voy au present stil & reiglement l'article 177.

DES MATIERES CRIMINELLES.

CLXXXV.

EN toutes matieres criminelles, tant de premiere que seconde instance, sera procedé extraordinairement par recollemens & confrontations de tesmoins, ou la matiere le requerra. *b* Et sera obseruee la forme & maniere tenue en ce pays de vingt ans en ça, soit à l'instruction des procez criminels, ou decision d'iceux, le tout par prouision, & iusques à ce qu'autrement par Mon-seigneur soit ordonné.

Voy au premier liure des Edicts & Arrests a *Les cas ausquels les Capitaines de iustice & autres officiers peuuent proceder à l'emprisonnement des personnes sont amplement declarez.*

Voy au premier liure des Edicts & Arrests du 5. Iuin 1563. folio 31. b *Que les maistres seront tenus representer leurs seruiteurs delinquants.*

CLXXXVI.

Sauf est reserué que ou il escherra confrontation de tesmoins, le detenu sera aduerti deuant la confrontation, des noms, surnoms, demeurances & mestiers desdits tesmoins, pour penser & aduiser aux reproches qu'il leur voudra donner, si aucun en a. Et si apres ladite confrontation faite, luy venoit en memoire autres reproches contre lesdits tesmoins, lesquels vray-semblablement il auroit peu ignorer lors de la confrontation, ils seront receus par le Iuge. Ne sera aussi contrainct le criminel de nommer promptement les tesmoins qu'il voudra faire examiner pour la preuue de ses faicts iustificatifs, ains luy sera baillé delay de trois iours pour les nommer. Et si apres qu'il les aura nommé, iusques à la perfection du procez, & iusques à la sentence exclusiuement, luy viennent à notice autres faicts iustificatifs pertinents, outre ceux qu'il aura allegué du commencement, sera receu à les mettre en auant, & nommer tesmoins pour les prouuer, en se purgeant par serment que tels faicts & tesmoins luy sont venus de nouueau à notice, afin qu'à faute de delay les pauures rustiques & ignorans ne soyent induëment vexez & trauaillez.

Voy au premier liure des Edicts & l'Arrest du 10. Decembre 1562. fol. 51. Defendu au Capitaine de iustice, à son Lieutenant, & autres officiers de receuoir argent des parties sans faire quittance, &c.

CLXXXVII.

CLXXXVII.

Et est inhibé à tous Iuges qui par cy-apres ils ne forment aucun procez extraordinairement par recollements & confrontations de tesmoins , sinon és cas par lesquels vray-semblablement ils pourront presumer que les accusez pourroyent estre condamnez à bannissement, amande honnorable, ou autre peine corporelle, s'ils sont verifiez. Et és autres cas esquels n'escherroit peine corporelle, apres auoir oüy l'accusé, le Iuge (si la matiere le requiert) appoinctera les parties contraires & en procez ordinaire. Et cependant eslargira ledit accusé, en donnant bonne & suffisante caution (s'il ne possede biens immeubles suffisamment, ou s'il est estranger) de se representer en l'estat au iour de la reception des enquestes , ou bien proceder à la vuidange du procez , si ledit accusé confesse le contenu aux informations, & la matiere y est disposee.

Voy au second liure des Edicts & Arrests folio 33.

Voy le statut dominical liure 2. chapitre 84.

DES PORTEVRS DE GRACES , REMISsions , & pardons.

CLXXVIII.

TOus porteurs de graces, remissions, ou pardons, de quelque estat ou qualité qu'ils soyent , seront tenus les presenter en iugement dans trois mois apres la datte d'icelles, autrement n'y seront plus receus , & seront tenus les presenter en l'Audience publique, nue teste & à genoux, les Aduocat & Procureur de Mon-seigneur presents, & les parties, si aucunes en y a, appellees. Et sera interrogé le requerant (par serment) si lesdites lettres contiennent verité, & s'il en demande l'interinement, & incontinent sera enuoyé en prison , pour estre plus amplement interrogé sur les cas , mesmes sur les informations , si aucunes en y a.

Voy au premier liure des Edicts & Arrests folio 32.

Voy le statut dominical du feu Duc Charles, liure 2. chapitre 175.

Voy le statut liure second chapitre 9.

CLXXXIX.

Et s'il y a informations precedentes ou subsequentes ausdites lettres, qui les chargent plus que le contenu en icelles lettres, & la matiere y est disposee, sera contre luy procedé extraordinairement sur la subreption ou obreption desdites lettres, selon le contenu esdites informations, & ainsi que és autres procez criminels.

Voy au present stil & reiglement l'article 22.

CXC.

Et si par les lettres de remission, grace, ou pardon, confession du porteur d'icelle, & par lesdites informations, la verité du faict soit trouuee conforme & consonante, les Aduocats & Procureurs de Mon-seigneur auec les parties seront oüys, pour au surplus estre procedé à l'interinement desdites lettres, ainsi qu'il appartiendra par raison. Auquel cas ne seront condamnez les porteurs d'icelles en aucunes peines ny amandes enuers Mon seigneur.

Voy au present stil & reiglement l'article 22.

CXCI.

Et si lesdites lettres de remission, grace, ou pardon, sont trouuees obreptices ou subreptices, le criminel & porteur d'icelles sera puny sans auoir esgard ausdites lettres, comme si elles n'auoyent iamais esté obtenues, suiuant la disposition du droict, & statut du feu d'heureuse memoire le Duc Charles, dernier decedé.

Voy au present stil & reiglement l'article 22.

CXCII.

Et seront lesdites graces & remissions addressees au Senat, quand

quand lors de l'impetration les causes y seront pandantes ou deuolues, & aux Iuges Ducaux quant aux matieres pandantes par deuant les Iuges non Ducaux, les graces & remissions seront addressees audit Senat.

Voy au premier liure des Edicts & Arrests folio 20.

Voy le statut dominical liure 2. chapitre 175.

DV SENAT, PRESIDENTS, ET CONSEILLERS d'iceluy.

CXCIII.

TOus Presidents & Conseillers, se trouueront le lendemain de la feste des trespassez, sçauoir le treiziesme iour de Nouembre, pour commencer à faire l'entree du Senat, sans y faire faute, à peine d'estre priuez de leurs gages de six mois, & autre plus grande peine à la discretion dudit Senat, sinon qu'ils fussent absens pour les expres affaires & du commandement de Mon-seigneur, auquel cas tant seulement seront excusez.

Voy au premier liure des Edicts & l'Arrest du 16. May 1562. folio 47. Declaration que par ces mots le premier iour de cour ou plaidoyable, s'entend le premier iour d'entree apres feries.

CXCIV.

Ausdits Presidents & Conseillers est enioinct d'obseruer en leurs actes telle grauité & modestie qu'est requise à gens ayans degré en souuerain Senat, de telle authorité & preeminence, & auoir tousiours esgard à la grandeur de Mon-seigneur, la personne duquel ils representent en leurs assemblees, & ce à peine contre celuy qui sera contreuenant, de suspension de son estat pour vn an, ou autre plus grande, si le cas le merite.

Voy le statut dominical liure 2. chapitre 5.

CXCV.

Tous pourueus d'office consernant le faict de iustice y seront tenus, auant qu'entrer à l'exercice de leurdit office, presenter leurs lettres de prouision au Senat, sur l'interinement desquelles sera procedé à la forme portee par les articles suiuans. Et neantmoins demeurera à la discretion du Senat, de receuoir, sans autre examen, ceux qui seront par bonne experience notoirement cognus capables desdits offices.

Voy au present stil & reiglement, l'article 297.

CXCVI.

Vacant vn office du corps du Senat, Iuges Ducaux & Procureurs Fiscaux aux sieges, les gens d'iceluy Senat deuëment assemblez, feront nomination de trois personnages, tels qui leur sembleront plus capables & suffisans, pour estre pourueu audit office, sans vser d'aucune faueur ou partialité. Et ladite nomination faite, sera enuoyee à Monseigneur pour y pouruoir de l'vn des nommez ou d'autre, tel que plairra à Son Altesse. Ne veut toutesfois ladite Altesse que soit nommé aucun pour Senateur, qui ne soit aagé de trente ans pour le moins.

Voy le statut dominical liure 2. chapitre 5. C'est au rapport du Chancelier.

CXCVII.

Quand aucun sera pourueu d'office de Conseiller, il sera par le Senat deuëment assemblé & seant, procedé au faict de sa reception. Et apres qu'il aura esté bien & deuëment examiné, s'il est trouué suffisant, idoine & qualifié, pour exercer ledit office, sera procedé à la reception & institution d'iceluy. Et s'il n'est trouué suffisant & idoine, ne sera receu, ains auant que passer plus outre, en sera aduerti Monseigneur, pour y pouruoir ainsi que bon semblera à son Altesse.

Voy le statut du feu Duc Charles chapitre 20.

CXCVIII.

Tous pourueus desdits offices de Conseillers, ou autre office de de iudicature, auparauant qu'ils ſoyent receus, ſeront tenus preſter ſerment qu'ils n'ont baillé ny fait bailler par eux, par autres directement ou indirectement à perſonne quelconque, or argent, ny autres choſes pour obtenir leſdits offices de l'Alteſſe de Monſeigneur en leur faueur. Et en outre iureront d'obſeruer les ſtatuts & ordonnances de ſon Alteſſe, & s'abſtenir de dons corrompables & prohibez.

Voy le ſtatut dominical liure 2. chapitre 5.

CXCIX.

Et ſera fait regiſtre à part deſdites receptions & inſtitutions de Conſeillers & d'autres officiers, dont les lettres de prouiſion ſeront addreſſees au Senat, & en iceluy ſeront enregiſtrees les lettres d'office & ſerment ſuſdit.

C C.

Auparauant laquelle reception de ſerment & inſtitution deſdits pourueus, ſeront leurs lettres de prouiſion communiquees au Procureur General, pour remonſtrer verbalement ou par eſcript, ce qu'il verra à faire pour le deuoir de iuſtice.

Voy le ſtatut du feu Duc Charles liure 2. chapitre 5. & 6. Du ſerment.

C C I.

Leſdits Preſidents & Conſeillers depuis le lendemain de ladite feſte des treſpaſſez (qu'on commencera l'entree du Senat iuſques à Paſques) entreront à ſept heures du matin, & y demeureront iuſques à dix, & depuis Paſques iuſques aux feries de vendanges, depuis ſix heures du matin iuſques à neuf, & ne ſeront contraincts y entrer pluſtoſt ny ſortir plus tard.

Voy le ſtatut chapitre 6. Les entrees autrefois commenceoyent à Noel.

C C I I.

Et pour plus promptement pouuoir vacquer à l'expedition

des procez criminels, leur est enioinct y vacquer deux iours de la sepmaine, assçauoir le mercredy & le vendredy, ausquels iours seront tenus d'entrer l'apres-dinee (outre le matin) à deux heures apres midy, & y demeureront iusques à cinq.

CCIII.

Lesquels Presidents & Conseillers ainsi assemblez n'en pourront partir iusques à la leuee du Senat, si ce n'estoit pour maladie, vieillesse, ou autre inconuenient. Et si aucuns estoyent coustumiers de ce faire, seront punis par priuation de leurs gages, suspension de leurs offices, ou autrement, ainsi que le Senat aduisera. Et leur est enioinct sur mesme peine de vacquer diligemment, dés qu'ils seront entrez, à l'expedition des procez, sans qu'ils vacquent à autre chose.

Voy le statut dominical liure 2. chapitre 8.

CCIV.

Et pource qu'il aduient que pour quelques iustes occasions lesdits Presidents & Conseillers sont contraincts quelquesfois s'absenter pour leurs affaires particuliers, est ordonné qu'ils ne pourront ce faire, sinon par congé & licence du Senat, lequel leur arbitrera le delay plus brief que faire se pourra pour leur retour, selon l'exigence des cas. Et sera fait registre dudit congé.

CCV.

Desormais ne sera fait aucun decret de commission, sinon de la main du President, à tout le moins soubsigné par luy, ou par celuy qui presidera en l'absence dudit President.

CCVI.

Et afin que les iugements soyent donnez plus seurement, & auec plus meure deliberation, ne se donnera aucun arrest, ny se feront autres expeditions au Senat, soubs le nom dudit Senat, que les gens d'iceluy ne soyent au nombre de six, pour le moins.

Nonobstant

Nonobstant l'Edict de l'erection dudit Senat, auquel pour cest esgard tant seulement est derogé, demeurant iceluy, au surplus, en sa force & vigueur.

Voy au present stil & reiglement l'article 221.

CCVII.

Les responses de requestes que l'on presentera audit Senat, seront d'oresenauant escriptes par le Secretaire, selon qu'il sera ordonné par ledit Senat, & prononcees par la bouche de celuy qui presidera, & non de la main desdits Conseillers, ny de leurs ordonnances, sans aucune chose en prendre, soyent lesdits Conseillers ou secretaires. Et mettra ledit secretaire datte & signature.

CCVIII.

Et cognoistra ledit Senat de toutes matieres, desquelles par l'ancien statut estoit donnee cognoissance au Conseil Ducal, residant à Chambery, ensemble des appellations comme d'abus, lesquelles ressortiront sans moyen audit Senat, & les matieres criminelles en quatre cas, assçauoir de sentence de mort naturelle ou mort ciuile, torture, ou autre peine afflictiue de corps, de bannissement, & amande honnorable. Esquels cas l'on appellera au Senat, *obmisso medio*, pour abbreger la vuidange des procez, sans preiudice toutesfois de ceux qui auront priuilege special au contraire.

Voy au premier liure des Edicts & l'Arrest du 29. *Iuillet* 1560. *folio* 89. *Entens cest article selon l'Edict de Nice du* 13. *Feburier*, 1560. *& modifications donnees sur iceluy.*

CCIX.

Cognoistra aussi des matieres de placet, ou pareatis pour faire extraire aucunes personnes hors le pays, ou pour mettre en execution quelques lettres venans de dehors dudit pays, ou autrement. Ne pourra toutesfois estre donné attache pour faire

poincts & difficultez de leurs procez, sans rien obmettre à leur pouuoir, & sans superfluité ou redite. Et s'il semble (apres l'ouuerture & rapport) que la matiere ayt besoin d'auoir l'ouuerture plus ample, soyent par le President demandees les opinions à ceux qu'on verra estre plus expediens & conuenables, selon la matiere subiette, qui pourront plus amplement ouurir ladite matiere, en se gardant (comme dessus est dit) de toutes superfluitez ou reiterations des choses deuant dites.

CCXIX.

Et seront chascun iour d'entree preallablement expediees les difficultez du registre, & des causes plaidoyees és iours precedents. Et pour ce faire le Secretaire sera tenu apporter au President en la chambre du Conseil sondit registre, pour estre corrigé pendant que les gens du Senat ont encores la memoire fraische des plaidoyeries.

CCXX.

Ne pourra desormais le Senat disposer aucunement des amandes adiugees à Mon-seigneur par ledit Senat, ou autres Iuges inferieurs d'iceluy.

CCXXI.

Est defendu ausdits Presidents & Conseillers, n'expedier aucuns affaires sous le nom du Senat hors le lieu ordonné pour tenir le Senat, & sans qu'ils soyent en nombre, tel qu'est porté par l'Edict de leur erection, à peine de nullité, & autre plus grande, selon l'exigence des cas.

Voy au present stil & reiglement l'article 206.

CCXXII.

Et semblablement leur est inhibé d'enuoyer leurs opinions par escript, ny par message, soit par l'vn des Secretaires du Senat, vn des Conseillers, ou par autre : ains diront leurs opinions en pleine assemblee, & de viue voix.

CCXXIII.

CCXXIII.

Mon-seigneur veut & entend, que les gens de son Senat procedent diligemment à la vuidange des procez, qui seront pendans par deuant eux, sans faire consumer les plaidans en longueurs de procedures, à peine de s'en prendre à eux, à leur propre & priué nom, où son Altesse les y trouuera estre negligens.

Voy le statut dominical liure 2. chapitre 5.

Voy le statut du feu Duc Charles chap. 9. Leur serment est aussi tel,

CCXXIV.

Pource que par la reuelation des secrets du Senat, est empeschee la liberté de deliberer & opiner par les Conseillers és vuidanges des procez, est ordonné que si aucuns Presidents, Conseillers, Aduocats, & Procureurs Generaux, Secretaires, & Notaires, sont trouuez coulpables en ce, ils seront punis estroictement par priuation de gages, offices, ou autrement, selon que ledit Senat verra estre à faire selon la grauité du cas. Et est enioinct ausdits Presidents & Conseillers sur leur serment, que ceux qu'ils trouueront ou seront soupçonnez ou coulpables en ceste matiere, ils les reuelent audit Senat pour en faire punition conuenable. Et si aucun des huissiers dudit Senat, ou Clercs du Greffe frequentans iceluy, sont trouuez en ce coulpables, qu'ils soyent priuez de leurs offices, & punis d'amande arbitraire.

Voy le statut dominical liure 2. chapitre 26.
Ce qui est dit pour les Greffiers. vt supra.

CCXXV.

Et pource que lesdits reuellemens ont souuent esté faits par aucuns des Clercs des Conseillers & Senateurs, leur est enioinct (sur leur honneur & conscience) qu'ils gardent à leur pouuoir que lesdits Clercs ne sachent aucuns desdits secrets, pourquoy ils en puissent faire rapport.

Voy au present stil & reiglement, l'article 248.

CCXXVI.

Toutes causes deuolues par appel, & intentees en premiere instance audit Senat, és causes dont il peut prendre cognoissance en premiere instance, par les coustumes, statuts ou priuileges de ce pays & ressort d'iceluy, y prendront fin en dernier ressort, sans que les iugements & arrests que par cy-apres audit Senat seront baillez, soyent suiets à reuision, reparation, ou recours, sans exprez commandement de Mon-seigneur par lettres patentes.

Voy le statut dominical liure 2. chapitre 164.

Voy au premer liure des Edicts & Arrests folio 25.

CCXXVII.

Pourront toutesfois les parties contre lesdits iugements & arrests, se pouruoir par supplication & proposition d'erreurs, ou par voye de restitution en entier, ou le cas y escherra, le tout à la forme & maniere des Edicts sur ce faits. Lesquelles causes de supplication & proposition d'erreur, ou restitution en entier, seront iugees & terminees, lesdits arrests & iugements preallablement executez.

Voy au premier liure des Edicts & Arrests vt supra.

CCXXVIII.

Le President ordonné par son Altesse audit Senat, auquel principalement appartient la conduite & ordre d'iceluy, aura singulierement esgard de delaisser toutes autres occupations à l'honneur & bonne conduite dudit Senat, en bonne & briefue expedition de iustice, gardant premierement les statuts & ordonnances de Mon-seigneur, & mettre ordre qu'elles soyent gardees tant par les Conseillers, que tous autres de ce ressort.

Voy au present stil & reiglement l'article 223.

CCXXIX.

CCXXIX.

Et luy est enioinct, que diligemment il entende aux plaidoyeries qui seront faites en Audience deuant le Senat, pour incontinent les vuider sur le champ (si faire se peut.) Et au regard des matieres qui seront remises au conseil, aduisera bien noter les difficultez d'icelles, afin qu'au premier iour d'entree auant toutes expeditions d'autres matieres, le registre des plaidoyeries prochaines soyent depeschees. Et ce quant aux causes qu'aura esté dit, qui se vuideronr par le registre. Et sera tenu le Secretaire apporter ledit registre ainsi que sus a esté ordonné.

Voy le statut dominical liure 2. chapitre 37.

CCXXX.

Aduisera aussi ledit President d'ouir benignement les opinions des Senateurs & Conseillers, en faisant le iugement des procez rapportez au Senat: & se gardera de dire chose pourquoy son opinion puisse estre apperceue, iusques à ce que tous les Conseillers presents au iugement ayent dit leur opinion, sauf toutesfois que s'il apperceuoit que le Rapporteur ou autre (en opinant) errast en faict, il l'en pourra aduertir, & ce modestement.

Voy le statut dominical liure 2. chapitre 7.

CCXXXI.

De laquelle modestie luy est aussi enioinct vser és corrections qu'il fera és Audiences publiques, à ceux qui feront chose digne de reprehension, vsant en tout prudemment, comme il verra que le cas requiert.

CCXXXII.

Est defendu au President que distribuant les procez, il ne les distribue à aucun des Conseillers qui auront pourchassé ou prié pour les auoir. Et est enioinct qu'en distribuant lesdits procez à aucun, il aye regard à la qualité des matieres, & le merite des de viandes, vin, ou autres choses, sur peine d'estre punis selon l'exigence des cas, & tellement qu'il en soit exemple aux autres.

Voy le statut dominical liure 2. chapitre 19.

CCXL.

Et si aucun ayant procez audit Senat, ou és cours inferieures d'iceluy, fait par luy, directement ou indirectement, ou par ses Aduocats, Procureurs, solliciteurs, ou autres mediateurs, aucuns dons ou promesses non premises de droict aux Iuges, ou aucun d'eux, pour iugement, retardation, ou expedition des procez, il soit priué de son droict: & d'auantage estroictement puni d'amande arbitraire, selon l'enormité & grandeur des cas, qualité des parties & procez.

CCXLI.

Sinon que celuy qui auroit baillé & donné quelque chose contre ce present reiglement (auant qu'il soit accusé) le vinst reueler à iustice: auquel cas il sera remuneré, si la chose est aueree. Et quant ausdits Aduocats, Procureurs, solliciteurs, & autres mediateurs quelconques, seront declarez à iamais inhabiles à tenir offices, mesmement de Iudicature; & autres concernants iustice, & punis d'amande arbitraire.

CCXLII.

Quand les Presidents & Conseillers seront requis par les parties d'aller faire quelque enqueste, ne meneront auec eux adioinct, huissier, sergent, ny autre personne non necessaire aux despens des parties, & prenant salaire d'icelles: ains les prendront sur les lieux, sinon que les parties l'eussent accordé, & ainsi le voulussent.

CCXLIII.

Est defendu aux Presidents & Conseillers dudit Senat, prendre & receuoir d'oref-enauant, office, estat, ny pension, de quelque

quelque personne d'Eglise, ou seculiere, ou d'aucune ville, ou communauté, sans licence expresse de Mon-seigneur (suiuans les anciens statuts) à peine d'estre priuez de leurs estats & offices *ipso facto*, sans autre declaration.

CCXLIV.

Et ne pourront lesdits Presidents & Conseillers prendre charge d'arbitrage, ny de compromis, ne faire consultations en quelque matiere que ce soit pendant au Senat, ny és cours inferieures du ressort d'iceluy : ny aussi pour introduire ou instruire procez en icelles cours inferieures, ny d'aucune matiere du ressort dudit Senat. Ny pareillement estre Iuges en quelque chose ou matiere que ce soit estant en ce pays, ny par deuant quelque Iuge que ce soit, autrement qu'audit Senat, & par commission d'iceluy, ou de Mon-seigneur.

Voyle statut dominical liure 2. chapitre 18.

CCXLV.

Pourront toutesfois estre mediateurs en amiables compositions & accords, pour inciter les parties à venir d'appoinctement & se departir de procez : & à ces fins pourront, si bon leur semble, ouurir quelque expedient pour paruenir à tel accord, & le declarer aux parties respectiuement, se monstrans tousiours neutres, pour euiter tous soupçons, que pourroyent prendre lesdites parties, s'il failloit que puis apres le differend se terminast par iugement, & non par appoinctement.

CCXLVI.

Est enioinct ausdits Conseillers du Senat, que si par aucune cause ils partent de la ville de Chambery, pour demeurer plus de huict iours, ils ayent à remettre au Greffe toutes les informations, petits procez & incidents qu'ils auroyent par deuers eux, à peine telle qu'il plaira au Senat arbitrer, & de recouurer sur eux les dommages & interests des parties.

Voy au present stil & reiglement l'article 233.

DES ADVOCATS ET PROCVREVRS Generaux de Mon-seigneur.

CCXLVII.

LEs Aduocats & Procureurs Generaux se trouueront bien matin au Palais en leur parquet, à ce que prompte expedition se puisse faire des matieres dont ils ont la charge, & qu'ils soyent prests quand ils seront mandez par le Senat.

Voy le statut dominical liure 2. chapitre 50. De l'estat de l'Aduocat & Procureur General.

CCXLVIII.

Ne pourront lesdits Aduocats & Procureurs Generaux tenir auec eux Clercs qui soyent Procureurs ou solliciteurs des parties plaidans au Senat, ny autres qui soyent pour communiquer ausdites parties les charges & informations.

Voy le statut dominical liure 2. chap. 57. De scribis.

Voy au present stil & reiglement l'article 225.

CCXLIX.

Ne tiendront, ny receuront offices, ny pensions d'aucuns Prelats, Seigneurs, ny autre: ny prendront charge de plaider aucunes matieres, soyent ciuiles ou criminelles, autres que des causes de Mon-seigneur, & qui le concernent & touchent: à peine de suspension de leurs offices pour la premiere fois, & d'autre peine arbitraire pour la seconde & autre fois.

Voy le statut dominical liure 2. chapitre 52.

CCL.

Et ne prendront lesdits Aduocats & Procureurs Generaux aucuns dons ou presens des parties, sinon ainsi qu'il est permis aux Iuges, soit pour visitation des informations des pieces qui leur seront monstrees par ordonnance du Senat, pour eux ioin-

dre

dre auec les parties ; ou pour quelqu'autre expedition qu'ils facent à cause de leurs offices, sur peine de priuation d'iceux.

CCLI.

Est defendu aux Procureurs Fiscaux és sieges des Iuges majes de ce pays, ou leurs substituez, de ne rien prendre des procez criminels, sinon qu'ils vacquassent hors le lieu de leur siege, auquel cas leur sera fait taxe par le Iuge, de leurs iournees seulement (autrement toutesfois que sur l'accusé) sinon qu'il n'y eust aucune partie ciuile, & qu'en fin de cause l'accusé fust condamné aux frais de iustice.

Voy au second liure des Edicts & Arrests folio 12. Pour le regard des autres officiers.

CCLII.

Toutes lettres & requestes concernans l'interest de Mon-seigneur, ou de la chose publique, qui d'ores-enauant seront presentees audit Senat, seront communiquees au Procureur General, pour sur icelles remonstrer verbalement ou par escript ce qu'il verra estre à faire pour la conseruation des droicts de Mon-seigneur, bien de iustice, & soulagement des subiects dudit Seigneur, & s'il est contredisant, sera fait droict sur ce par ledit Senat.

Voy les tiltres cy-deuant designez. Comme il est obserué és lettres de Chancellerie, de grace, & d'office.

CCLIII.

Et pourront lesdits Aduocats & Procureurs Generaux entrer au Senat, toutesfois & quantes il sera question des affaires de Mon-seigneur, ou autres concernans la chose publique, pour faire telles remonstrances qu'ils deuront.

Voy le statut dominical liure 2. chapitre 50.

CCLIV.

Et toutesfois n'iront faire leurs rapports, requestes & remonstrances durant que ledit Senat est sur la vision, ou sur les opinions d'aucuns procez: sinon qu'il y eust cause vrgente, pour laquelle il fust necessaire promptement dire & remonstrer quelque chose audit Senat.

CCLV.

L'Aduocat General de Mon-seigneur en plaidant les matieres des prisonniers, ou des adiournez à comparoir en personne, recitera bien au long les charges, informations, & confessions des parties, à ce que les delinquants puissent cognoistre leurs fautes, & les assistans y prendre exemple, sans toutesfois poser ny plaider aucuns delicts ou crimes, desquels il n'apperra par charges & informations, sans aussi nommer les tesmoins oüys contre l'accusé.

Voy le statut du feu Duc Charles chapitre 22. N'estant és lettres de grace.

CCLVI.

Ne pourront lesdits Aduocats & Procureurs Generaux s'absenter du Senat sans exprez congé & licence d'iceluy, lequel leur sera arbitré. Le tout comme a esté ordonné cy-deuant pour raison des Presidents & Senateurs.

Voy au present stil & reiglement l'article 204.

CCLVII.

Sera le Procureur General tenu poursuiure diligemment le profit des defauts qui seront donnez par ledit Senat, à l'encontre des adiournez à comparoir en personne iceux donnez.

Voy au present stil & reiglement, l'article 262.

CCLVIII.

Ne sera procedé à la deliurance & eslargissement des prisonniers criminels, ny aussi à l'expedition d'iceux, sans ouyr & appeller

peller le Procureur General, pour l'interest de Mon-seigneur & de iustice.

Voy le statut du feu Duc Charles chapitre 22.

CCLIX.

Tous accords faits ou appoinctements passez entre les parties qui seront demandez estre authorisez & emologuez audit Senat, seront communiquez au Procureur General pour les voir, qui ne pourra empescher l'emologation, sinon que Monseigneur y eust interest.

Voy au premier liure des Edicts & Arrests folio 32.

CCLX.

Sera tenu ledit Procureur General faire registre des procez fournis & prests à iuger, qui concernent Mon-seigneur, & iceluy registre porter au Greffe dudit Senat pour en aduertir les Presidents, & iceux requerir de les vuider, mesmement ceux desquels la vuidange est plus expediente.

Voy au present stil & reiglement l'article 272.

CCLXI.

Et est enioinct audit Aduocat & Procureur General, poursuiure & faire diligence à ce que de tous les prisonniers & informations prinses à sa requeste soit fait registre au Greffe, & qu'ils facent appeller au iour de l'eslargissement des prisonniers toutes les deux parties, si mestier est, afin de sçauoir & cognoistre ce que lesdites parties auroyent fait; & si elles ont appoincté ensemble, de voir l'accord pour y garder le droict de Monseigneur, & celuy de iustice.

Voy le statut dominical liure 2. chapitre 108. Pour la preseruation desdits droicts.

Voy au present stil & reiglement chapitre 61.

CCLXII.

Est aussi que toutes les prouisions & arrests ou appoinctemens dudit Senat, soyent de prinse de corps, adiournements personnels, ou autres concernans l'interest de Mon-seigneur ou de la chose publique, ils facent executer reellement & de faict par les Iuges des lieux, ou autrement, en maniere que ledit Senat soit certifié dedans le temps, qui pour ce faire leur sera ordonné ou prefix. Desquelles expeditions le Greffier dudit Senat sera tenu faire registre, & du iour qu'il leur sera ordonné.

Voy au present stil & reiglement l'article 257.

CCLXIII.

Quand le Procureur General sera aduerti qu'il y aura faute de reparations aux benefices, ou que le seruice diuin ne seroit entretenu & continué, il pourra bailler requeste audit Senat, pour auoir commission addressante au plus prochain Iuge, pour informer des ruines & autres fautes, visiter les lieux par gens à ce cognoissans, pour lesdites informations & rapports de ladite visitation veus, & ledit Procureur & titulaire possesseur du benefice oüys, estre pourueu ausdites reparations & autres fautes comme de raison. Ne pourra toutesfois ledit Procureur General en telles matieres, & autres de quelque importance, faire aucune chose sans le sceu & conseil de l'Aduocat General, à peine de suspension de son office, & autre plus grande, si elle y eschoit.

Voy le statut dominical liure 1. chapitre dernier. Le mesme est enioinct aux Chastelains des lieux.

DES SECRETAIRES CIVILS ET criminels dudit Senat.

CCLXIV.

LEs secretaires ciuils & criminels du Senat ne pourront exercer ne tenir autres offices, que lesdits offices de secretaire, en quelque lieu que ce soit ressortissant en iceluy Senat, mediatement ou immediatement, n'estre Procureurs des parties és

cours

cours ressortissans comme dessus.

Voy le statut dominical liure 2. chapitre 33.

Voy au present stil & reiglement l'article 236. & 244.

CCLXV.

De tous lesquels autres offices sont priuez & deboutez soudain qu'ils auront esté pourueus dudit estat de Secretaire. Et s'ils sont trouuez faire le contraire tacitement, occultement, ou par interposites personnes, seront punis arbitrairement par le Senat, selon l'exigence des cas.

Voy au present stil & reiglement l'article 248.

CCLXVI.

Et seront tenus lesdits secretaires, & leurs maistres clercs, faire registre des arrests leuez en forme, ainsi qu'ils seront au long ordonnez. Et tous autres appoinctements, incontinent iceux donnez, & en exhiber audit Senat chascun an, à l'entree & assemblee d'iceluy, le registre de l'annee accompli & parfaict.

Voy au premier liure des Edicts & l'Arrest du 27. Octobre 1565. fol. 49. Reglement sur le faict du Greffe & Clercs d'iceluy, pour plus prompte expedition des parties.

CCLXVII.

Est defendu ausdits secretaires & leurs clercs à ce commis de ne bailler ou porter aucuns procez pour visiter, à aucun des Senateurs, sans qu'auparauant il luy soit distribué par le President, ou autre ayant de ce charge, sur peine de suspension de leurs offices & d'amande arbitraire.

CCLXVIII.

Est enioinct ausdits secretaires (suiuant les anciens statuts de ce pays) faire bon & loyal registre en liure à part, de toutes amandes & condamnations adiugees à Monseigneur. Et en bailler entierement l'estat par escript & par roolle signé, chascun dernier iour du mois au receueur des amandes. Et generalement leur est enioinct de faire registre de tous procez, pieces & procedures qui leur seront remises, à peine de priuation de leurs offices s'ils y contreuiennent.

Voy le statut dominical liure 2. chapitre 61.

CCLXIX.

Est aussi enioinct au receueur desdites amandes, estre soigneux de cueillir des registres des secretaires dudit Senat les roolles d'icelles amandes & condamnations, & les exiger & faire venir le plus diligemment que faire se pourra, & auec moindre despense & foule du peuple que sera possible, sur peine de les recouurer sur luy, & d'amande arbitraire.

Voy le statut dominical liure 2. chapitre 18.

CCLXX.

Toutes annexes, pareatis, ou placet, qui seront deliberez par le Senat, seront receues & enregistrees par lesdits secretaires, ensemble les lettres, mandements, bulles, & autres pieces seruans à ce, sans rien en prendre que ce qui est taxé par ladite annexe.

CCLXXI.

a Sans aussi rien prendre des choses concernans les affaires de Mon-seigneur, où il n'y aura partie poursuiuant que le Procureur General, ny interest autre que de son Altesse, ou de la chose publique.

Voy au premier liure des Edicts & l'Arrest du 20. Aoust 1560. folio 46. a Sont tenus tous Greffiers de cotter au pied des sentences actes, appointements, & autres escritures, l'emolument qu'ils en receuront. &c.

CCLXXII.

Feront

Feront d'oresenauant lesd. secretaires bons & loyaux registres des affaires de Mon-seigneur, lesquels de huict iours en huict iours lesdits Aduocats & Procureurs Generaux visiteront tout au long, pour apres faire leurs diligences, & selon qu'ils verront estre à faire des appoinctements & arrests dudit Senat, pour la poursuitte des causes y introduites, ils feront faire les lettres en forme.

Voy le statut dominical liure 2. chap. 107.

CCLXXIII.

Lesquelles seront baillees au Procureur General, & sera mis en teste du registre du secretaire. Les lettres sont expediees & baillees au Procureur General à tel iour, & sera ainsi fait de toutes pieces, qui seront baillees audit Procureur General & à l'Aduocat, & en les remettant par eux audit Greffe, les a rendu tel iour.

Voy au present stil & reiglement l'article 260.

CCLXXIV.

Est enioinct au secretaire ciuil dudit Senat, de faire par expres entier roolle & inuentaire de deux mois en deux mois des matieres criminelles, qui incidemment sont escheues ès procez ciuils, & n'auront esté decidees. Lequel roolle il remettra au Procureur General, pour faire la poursuitte de l'expedition de ce qui est prest à iuger, & pour vacquer au parfaict de l'instruction de ce qui n'est prest.

Voy le statut dominical liure 2. chapitre 28.

CCLXXV.

Les registres, procez, & toutes escriptures qui d'oresenauant seront mises par deuers le Senat, seront en bonne forme, & bonne lettre, correcte, & lisable, sur peine aux secretaires, qui auroyent expedié ledit procez, d'amande arbitraire. Et cesseront les longueurs, ineptitudes, redites & multiplications de langage, desquels vsent lesdits Secretaires, qui tourne à grands frais sur les subiets.

Voy le statut dominical liure 2. chapitre 26.

Voy le statut dominical liure 2. chapitre 156.

CCLXXVI.

Seront les registres, actes, papiers, procez, & procedures du Greffe criminel & patrimonial, d'oresenauant tenues & serrees en vne chambre dedans l'enclos du lieu ou sera le Senat, dont le secretaire patrimonial & criminel aura la garde des clefs, qui tiendra son tablier dedans l'enclos dudit lieu ou sera ledit Senat seant.

CCLXXVIII.

Sans que lesdits secretaires ciuils & criminels puissent transporter aucuns desdits papiers, procez, ou pieces, en leurs maisons, n'ailleurs, sinon en les baillant aux Senateurs, ausquels lesdites pieces auroyent esté distribuees, ou les rendant aux parties apres les procez vuidez, ou autrement par ordonnance du Senat, sur peine de suspension de leurs offices, & autres peines arbitraires.

Voy le statut dominical liure 2. chapitre 29.

CCLXXIX.

Les registres, actes, & procedures, tant anciens que modernes, qui sont dispersez en plusieurs & diuers lieux particuliers, en la puissance & és maisons des hoirs des precedens secretaires & Greffiers, tant criminel & patrimonial, que ciuil, seront mis en lieu publicq, sçauoir ausdites chambres des Greffes respectiuement, pour y estre gardez par les secretaires qui presentement sont, & pour le temps seront, chascun en son endroit.

Voy le statut dominical liure 2. chapitre 107.

CCLXXX.

Ausquels

Ausquels seront baillez par bon & loyal inuentaire, pour en respondre tant en iustice qu'aux parties, quand & à qui il appartiendra. Par lequel inuentaire sera fait mention, de ce que pourroit estre deub au precedent Greffier, ou à ses hoirs, pour estre tenus lesdits secretaires successeurs,& ayans la garde,comme dit est, de receuoir leur salaire auant que bailler lesdites pieces, pour ledit salaire estre par eux baillé ausdits hoirs, autrement seront tenus d'en respondre.

Voy le statut dominical liure 2. chapitre 27. Des salaires des Greffiers.

CCLXXXI.

Toutes requestes presentees & respondues par le Senat, seront retirees par le secretaire dudit Senat, qui lors sera en seruice, pour icelles rendre aux Procureurs qui les auront signez, ou autres parties qui les auroyent presentees, & non à autre, sans en rien prendre.

Voy au premier liure des Edicts & l'Arrest du 6. Iuillet 1563. folio 50. Il est defendu aux Greffiers de n'amplier les decrets apposez sur les requestes, par les lettres qu'ils expedieront sur icelles.

CCLXXXII.

Quand les parties ont obtenu défaut, soit audit Senat, ou és cours inferieures, les demandes du profit desdits défauts ne seront inserees aux lettres de commission pour adiourner partie à voir adiuger le pro fit desdits défauts, ains seront lesdites demandes attachees sous contreseel originellement, & telles qu'elles seront baillees par les parties, sans pour ce prendre aucuns frais, sinon desdits contreseaux, selon le taux accoustumé audit Senat.

CCLXXXIII.

Est enioinct aux secretaires tant dudit Senat, que des cours inferieures, de ne reçeuoir aucune presentation des Procureurs, s'ils n'ont suffisante procuration qui sera remise au Greffe.

Voy au present stil & reiglement, l'article 305. & la suitte folio 59.

Voy le statut du feu Duc Philibert chapitre 3.

CCLXXXIV.

Sera loisible aux parties retirer les originaux de leursdites procurations, & autres instruments par elles produits au Greffe en y laissant la copie deuëment collationnee, sinon que partie l'empesche, auquel cas sera pourueu par les Iuges comme de raison.

Voy le statut dominical liure 2. chapitre 32.

CCLXXXV.

Celuy qui sera commis à l'exercice du Greffe, sera tenu l'exercer en sa propre personne, sans y pouuoir commettre autre, si n'estoit en cas d'vrgente necessité. Auquel cas il pourra commettre autre personne idoine & suffisante, approuuee par l'authorité du Senat où sera exercé ledit Greffe,

Voy au premier liure des Edicts & Arrests folio 49.

CCLXXXVI.

Les secretaires ny autres Commissaires quelconques, de quelque iurisdiction que ce soit, ne prendront aucun salaire pour les consignations qui se feront en leurs mains, s'il aduenoit qu'il faille faire en iustice quelque consignation ou garnison de main & depost.

Voy au premier liure des Edicts & Arrests folio 32. Des autres emoluments.

CCLXXXVII.

Et seront les sommes consignees mises entre les mains de quelque bon bourgeois du lieu, esleu du consentement des parties (si faire se peut) sinon, demeureront és mains desdits secretaires, lesquels secretaires ne seront tenus, sinon comme simples depositaires de la garde de deniers consignez ou depositez.

CCLXXXVIII.

CCLXXXVIII.

Est defendu ausdits secretaires ne receuoir les enquestes des parties, qu'ils n'ayent veu les procez verbaux signez des Commissaires qu'ils les auront faites, ou, s'ils estoyent decedez, par autres qui seront commis par les Iuges à signer au lieu desdits decedez, sur peine d'amande arbitraire, & des dommages & interests que les parties pourront souffrir.

Voy au premier liure des Edicts & Arrests folio 38. Pour le regard des enquestes.

CCLXXXIX.

Et seront tenus lesdits secretaires auoir nombre suffisant de clercs sçauans & experimentez, en sorte que les parties ayans à faire és Greffes, soyent promptement despeschees. Et leur est enioinct de tenir tous leurs registres, tant des procez qui seront apportez au Senat, qu'autres, en bon ordre: & y ayant singulierement l'œil, comme est requis à charge & office de telle importance.

Voy au premier liure des Edicts & l'Arrest du 20. Nouembre 1559. folio 32. Que les Greffiers ne lairront de retirer des parties les emoluments du seel, encores que les arrests ne soyent promptement seellez, &c.

DES ADVOCATS ET PROCVREVRS postulans au Senat.

CCXC.

Est defendu aux Aduocats postulans au Senat, que d'oresenauant ils ne procedent par paroles iniurieuses contre leurs parties ou les Procureurs & Aduocats d'icelles, ne dient, alleguent, ou proposent aucune chose en opprobre d'autruy, qui ne serue ou face au faict de la cause qu'ils plaident, ains soyent briefs en leurs plaidoyers, à peine de priuation de postuler, & d'amande arbitraire.

Voy au premier liure des Edicts & l'arrest du 16. Nouembre 1559.

folio 53. Est inhibé à tous Aduocats ne venir plaider au Senat, sans habit decent.

CCXCI.

Est defendu auſdits Aduocats ordinairement plaidans au Senat ne partir de la ville, s'ils ont charge des cauſes à plaider, ſinon en remettant les pieces & memoires des parties és mains des Procureurs d'icelles, ſur peine des deſpens, dommages & intereſts deſdites parties, à prendre ſur eux, & d'amande arbitraire. Auſquels eſt enioinct, que les eſcriptures qu'ils feront mettre par deuers le Senat, ſoyent en bonne forme & eſcripture correcte & bien liſable, & ſignees par eux.

Voy au premier liure des Edicts & l'Arreſt du 18. Apuril 1564. folio 44. Eſt defendu aux Aduocats & Procureurs de n'abſenter la Ville ſans licence du Senat, &c.

CCXCII.

Et à ce que les Aduocats ſoyent bien reſolus du faict de leurs parties, leur eſt enioinct auant que venir en Audience de communiquer enſemble, de conuenir & d'accorder des faicts qu'ils ont à propoſer en leurs plaidoyez, afin que par faute de telle communication ils ne demeurent contraires ou en doute ſur iceux faicts. Et afin que (s'ils en ſont d'accord) ils puiſſent en auoir iugement & expedition prompte. Et eſt enioinct aux Aduocat & Procureur du demandeur ou appellant, ſe retirer par deuers le Procureur & Aduocat du defendeur ou appellé reſpectiuement, afin de faire reciproquement ladite communication ſur peine de cent ſols d'amande, ſur celuy par qui tiendra que ladite communication ne ſoit faite. Et ou leſdits faicts ne ſeroyent verifiez par les pieces produictes, & ils ne ſeront d'accord, rayeront les Procureurs incontinent la cauſe qui ſeroit miſe au roolle des Audiences, ou, ſi encore miſe elle n'eſtoit, en aduertiront le ſecretaire pour ne la y mettre, & iront les Procureurs paſſer au Greffe leur appoinctement de contrarieté, ſans pour ce venir en vain occuper le Senat en plaidant

ſur

sur lesdits faicts contraires, à peine de cent sols d'amande, moitié à Mon-seigneur, & moitié à partie, & autre plus grande, à l'arbitration du Senat.

Voy au premier liure des Edicts & l'Arrest du 30. Ianuier 1561. folio 41. Amande contre l'Aduocat ou Procureur qui ne seront prests à plaider quand la cause est appellee à tour de roolle.

Voy au premier liure des Edicts & l'arrest du 4. Iulliet 1564. folio 53. Iniontion est faicte à tous Aduocats de parler auec honneur & reuerence des Senateurs quand ils plaideront.

CCXCIII.

Est enioinct ausdits Aduocats & leurs Procureurs (en toutes matieres esquelles le Procureur General de Mon-seigneur peut auoir interest pour les droicts de son Altesse, ou de la chose publique) communiquer aux Aduocats & Procureurs Generaux en leur parquet, les procez & pieces en temps deub, & en leur presence conuenir des faicts qu'ils ont à proposer pour leurs parties, pour pouuoir par lesdites gens de Mon-seigneur venir prests en Audience, sur peine de cent sols d'amande, moitié à sadite Altesse, & moitié à partie, & d'estre condamnez és despens des parties procedans par faute d'auoir communiqué & conuenu.

Voy au premier liure des Edicts & Arrests folio 55.

CCXCIV.

Est aussi defendu aux Aduocats plaider en Audience pour expedition des procez, ausquels auront esté faites preuues & enquestes, & autres ou il y aura multiplicité de pieces à voir, de sorte que vray-semblablement la matiere ne soit vuidable sur le champ, ains iront les Procureurs conclurre au Greffe comme en procez par escript, sinon qu'il y ayt iniquité ou grief euident, duquel puisse apparoir promptement & euidemment sur le champ par la teneur & lecture de la sentence, nullité patente, fin de non receuoir, ou desertion claire, ou qu'il y ayt quelque prouision à requerir par lettres ou requeste qui se puisse vuider promptement, sans longuement tenir le Senat, & ce sur peine aux Aduocats & Procureurs & chascun d'eux de cent sols d'amande, moitié à Mon-seigneur, & moitié à partie.

Voy au premier liure des Edicts & l'Arrest du 8. Iulliet 1564 folio 45.

CCXCV.

Et pource qu'aucuns Aduocats (de l'industrie desquels depend principalement l'abbreuiation des causes) proposent aucunefois faicts impertinents, superflus, & non veritables, pour cuider donner plus grand' couleur à la cause qu'ils plaident, leur est defendu expressement alleguer d'oresenauant pour la iustification de leurs causes d'appel, ou demandes soustenement du Iuge en defenses, aucuns faicts superflus, impertinents ou non veritables, & proposer chose qui ne serue en la matiere, & laquelle ils ne iustifient par pieces estans au sac, & sur le champ, ou bien ayent memoires pour ce alleguer, signees de leur partie, ou soyent les parties presentes pour les aduoüer, sur peine de cinquante sols d'amande, & autre plus grande à l'arbitration du Senat.

CCXCVI.

Et est enioinct ausdits Aduocats de bien diligemment & soigneusement voir & cotter leurs pieces és endroicts ou elles seruent, afin que promptement ils puissent trouuer & lire l'endroit qui sert à la matiere, ainsi que leur sera dit & ordonné par le Senat, sur peine de quarante sols d'amande, & autre arbitraire ou ils seront coustumiers d'estre negligens. Et feront la lecture entierement & veritablement, sans obmission, interruption ou deguisement, és poincts & endroicts seruans à la cause, tant pour l'vne que pour l'autre des parties, à peine que dessus, & d'estre reputez calomniateurs & gens de mauuaise foy.

Voy au premier liure des Edicts & l'Arrest du 24. Mars 1565. fol.° 46. Les Aduocats & Procureurs sont tenus de patrociner etiam *que ce soit contre Presidents & Conseillers du Senat, ou autres qualifiez,*

qualifiez, à peine, &c.

CCXCVII.

Et pource que souuentesfois aucunes parties appellees leurs Aduocats & Procureurs soustiennent sans cause apparente le mal iugé és procez vuidables sur le champ, pource qu'ils ne craignent l'amande, & ne voudroyent semblables causes soustenir s'ils estoyent appellans: est ordonné que d'oresenauant les appellez soustenans le mal iugé és appellations qui se peuuent iuger sur le champ sans cause apparente, seront condamnez en l'amande semblable que pour le fol appel, ou autre plus grande à la discretion du Senat, selon la qualité des parties, & grandeur des causes.

CCXCVIII.

a Aussi est inhibé & defendu ausdits Aduocats ne soustenir aucunes causes ou matieres sans raison apparente, sur peine d'estre condamnez en l'amande arbitraire, pour la qualité du faict.

Voy au premier liure des Edicts & l'Arrest du 27. Feburier 1563. folio 40. a *Et est enioinct aux Aduocats & Procureurs, voyans leurs causes n'estre sententiees, de l'aller dire au parquet pour passer condamnation sans attendre qu'on les appelle en Audience.*

CCXCIX.

Es procez par escript (pour cognoistre que les Aduocats ont fait les griefs) est defendu au secretaire du Senat de les receuoir s'ils ne sont signez par Aduocat.

CCC.

b Quand les parties auront esté appoinctees à corriger leurs plaidoyers & au conseil, & que la matiere se vuidera par le registre, est enioinct aux Aduocats d'aller dedans le delay (qui pour ce faite leur sera donné) corriger sur le registre de l'Audience au Greffe leurs plaidoyers, à peine que la partie negligente sera forclose *ipso iure*, de pouuoir aucune chose adiouster ny charger au registre, & sera procedé au jugement par ce qui se trouuera corrigé du costé de la partie diligente, & par ledit registre du secretaire sur ce qu'il aura recueilli à l'Audience de la plaidoyerie pour le regard de la partie negligente,

Voy au premier liure des Edicts & l'Arrest du 13. Iulliet 1566. folio 53. b *Les delays à corriger plaidoyers sont peremptoires.*

CCCI.

Et ou ny l'vne ny l'autre des parties dedans ledit delay auroit corrigé & laissé au Greffe du Senat son plaidé, encore que les parties ne fissent aucune poursuitte pour l'expedition, est toutesfois enioinct aux secretaires ciuils & criminels respectiuement d'apporter en la chambre du conseil au premier iour d'entree (apres ledit delay expiré) leur registre des plaidoyeries des Audiences, à ce que pendant que les gens du Senat ont fraische memoire d'icelles plaidoyeries, puisse estre procedé plus promptement à l'expedition des matieres.

CCCII.

Afin que cy-apres aucun ne s'ingere poursuiure estre receu en estat de Procureur au Senat s'il n'a les qualitez requises; & aussi que ledit Senat puisse plus facilement paruenir en la reduction du nombre establi desdits Procureurs, a esté ordonné que d'ores-enauant aucun ne sera receu en l'estat de Procureur, si premierement il n'est certifié par six bons & notables Procureurs dudit Senat, qui seront commis, que lesdits poursuiuans sont personnages d'experience, & sauoir au faict de la practique, & qualité & preud'hommie telle que l'estat de Procureur audit Senat le requiert, & en outre auoir serui audit faict de practique aux Procureurs d'iceluy Senat l'espace de dix ans, & en ces dix annees auoir exercé trois ans entiers la charge de maistre clerc. Et est defendu à tous clercs de presenter requeste au Senat pour estre receu Procureur, s'ils ne sont certifiez estre qualifiez de qualitez susdites, & auoir demeuré auec les Procureurs le temps l'espace, & en la forme & maniere que dit est.

CCCIII.

CCCIII.

Et auant que d'estre receus, bailleront requeste au Senat qui sera communiquee au Procureur General, qui s'informera bien & deuëment de la vie & bonnes meurs de celuy qui aura presenté ladite requeste, qui est chose necessaire, attendu que communement la longueur des procez est causee par la calomnie & opiniastreté d'aucuns Procureurs. Et estant oüy le rapport dudit Procureur General, sera procedé au faict de leur reception, comme l'on aduisera.

CCCIV.

Ceux qui presenteront les requestes afin d'estre receus Procureurs, combien qu'ils auront certifié estre tels, comme dessus est dit, neantmoins auant qu'il soit procedé à leur reception, & fait faire le serment accoustumé, ils seront examinez en plein Senat, ou bien par tels Commissaires qui seront deputez & establis.

CCCV.

Ne pourront les Procureurs, sous couleur de leurs salaires, retenir ny faire retenir par leurs familiers & domestiques, les actes & procez des parties, ains promptement les rendront à ceux à qui ils les deuront rendre, sur peine de priuation de leurs estats, & autre plus grande) à l'arbitration du Senat.

CCCVI.

Et ne seront receus à faire demandes de leurs salaires & vacations de plus d'vn an ou deux, sans grande & euidente cause, & presomption : & si de telles matieres questions en aduiennent, seront sommairement decidees, sans mettre les parties en despens.

Voy au premier liure des Edicts & l'Arrest du 3. Septembre 1566. folio 54. Cest article est restraint.

CCCVII.

Eſt defendu à toutes parties & à tous Procureurs, ſur peine de cinquante ſols d'amande, qu'ils ne facent aucun accord en cas d'amande, ou autrement en choſes qui touchent les affaires de Mon-ſeigneur, ſans monſtrer l'accord au Procureur General.

Voy le ſtatut dominical liure 2. chapitre 66. Pour le regard des Iuges.

CCCVIII.

Eſt auſſi defendu auſdits Procureurs, ſur peine de cent ſols, de ne bailler ſecondes requeſtes au Senat ſans faire mention des premieres, & des reſponſes & ordonnances ſur icelles.

Voy au premier liure des Edicts & Arreſts folio 40.

CCCIX.

Seront tenus leſdits Procureurs d'aſſiſter par deuant les Commiſſaires commis par le Senat à taxer les deſpens és lieux & heures qui leur ſeront aſſignez, ou bien y faire aſſiſter leurs ſubſtituez ayans ſerment au Senat, ſur peine de cent ſols d'amande.

Voy le ſtatut dominical liure 5. eſdits lieux.

CCCX.

Si les parties reuoquent leurs Procureurs, ſeront tenues en faiſant ladite reuocation, conſtituer autre, & le faire ſignifier dedans le iour au Procureur de la partie aduerſe. Autrement, & en defaut de ce, tous actes & procedures faites auec ledit Procureur reuoqué, ſeront bonnes & valables : & ſera tenu comparoir comme s'il n'auoit eſté reuoqué.

CCCXI.

Les Procureurs faiſans leurs preſentations, ſe cotteront au Greffe & eſcriront & paraſſeront de leurs mains le iour qu'ils auront receues leurs procurations: & ne prendront charges s'ils n'ont leſdites Procurations ſuffiſantes, auec election de domicile

cile, memoires & instructions en l'instance en laquelle ils se presenteront à peine de cent sols.

Voy au second liure des Edicts & Arrests folio 6.

CCCXII.

Es causes & matieres d'appel de premiere instance, où il y aura deux significations de requeste deuëment faites au Procureur de partie pour auoir Audience, & il ne soit prest au iour de l'Audience, sera donné exploict tout ainsi que si la cause estoit au roolle.

Voy au premier liure des Edicts & l'Arrest du 30. Octobre 1565. fol. 41. Reiglement donné aux Procureurs quand leurs Aduocats pour cause de maladie ne peuuent venir plaider.

CCCXIII.

Et pource que bien souuent le retardement de l'expedition de iustice, delays & subterfuges, viennent pour la faute, negligence, ou malice des Procureurs, & non du costé des parties, lesquelles se sont confiees à la diligence, legalité & industrie de leurs Procureurs, ou apperra de ce clairement & promptement au Senat, outre ce qu'il condamnera la partie qui a esleu le Procureur enuers sa partie aduerse, pour l'interest du procez retardé, & enuers Mon-seigneur en amande arbitraire pour les delays & subterfuges. Neantmoins par mesme iugement & condamnation, le Procureur qui sera trouué notoirement & clairement dilayé ou retardé par sa faute, comme dit est, sera condamné enuers sa partie à le rembourser, & rendre indemne desdites condamnations. Et où il n'apparoistroit promptement & clairement de la faute venue du costé dudit Procureur, toutesfois y auroit quelque soupçon ou coniecture notable, que ladite faute vienne de luy (ledit Senat en faisant les condamnations susdites) reseruera à la partie condamnee son recours pour lesdites condamnations à l'encontre de son Procureur, & à luy ses defenses au contraire.

CCCIV.

Il est defendu aux parties, Procureurs, clercs, solliciteurs, & autres quelconques, de rayer les causes qui sont au roolle des Audiences, sur peine de dix liures d'amande, & autre plus grande punition, à l'arbitrage du Senat. Mais leur est enioinct ou les parties ou Procureurs d'icelles seroyent d'accord la cause estre rayee, de faire seulement des entrelignes, & en marge des roolles le seing & paraphe du Procureur qui aura fait lesdites entrelignes.

Voy au premier liure des Edicts & l'Arrest du 16. de Mars 1563. folio 40. Cest article est restraint & corrigé.

CCCXV.

Leur est aussi defendu de faire aucunes desdites entrelignes ès causes en roolles, s'il n'est qu'il y ayt appoinctement preallablement passé entre lesdites parties ou leursdits Procureurs accordé la cause estre rayee, & sur peine de grosse amande à la discretion du Senat.

Voy au second liure des Edicts & Arrests folio 13.

CCCXVI.

Et est permis au Procureur de la partie qui n'a accordé l'appoinctement ny la rayeure de la cause, pouuoir demander à l'endroit que ladite cause ainsi entrelignee ou rayee viendra estre appellee, & est enioinct au premier huissier ou autre qui appellera ledit roolle de l'appeller sur peine de l'amande.

Voy ut supra. Au second liure des Edicts & Arrests folio 13.

CCCXVII.

Et est inhibé & defendu à toutes personnes ne presenter aucune requeste au Senat qu'elle ne soit signee de la main de l'vn des Procureurs ou Aduocats dudit Senat, sur peine de vingtcinq sols d'amande, sinon que ce fust requeste tendant seulement pour auoir expedition d'vn procez, ou autres semblables qui ne concernent la decision ny instruction de procez. Et feront toutes

toutes requestes escriptes de lettre bien lisable & intelligible contenant le narré en brief & requisition sur ce pertinente.

Il y a arrest par lequel est inhibé à tous Procureurs ne signer requestes pour intenter actions & commencer procez, sinon és pures personnelles.

CCCXVIII.

Ne feront les Procureurs appeller les causes par congé ou defaut, à faute de faire apporter & remettre au Greffe les actes, ny à faute de communiquer, ains seulement à faute de se presenter. & ce à peine de l'amande, & se pouruoiront les parties par requeste pour faire forclorre leur partie aduerse, ou autrement comme bon leur semblera.

Voy au second liure des Edicts & Arrests folio 26.

CCCXIX.

Est defendu aux Procureurs des parties de bailler requeste au Senat pour auoir lettres de relief d'appel, à peine de vingtcinq sols d'amande, attendu que chascun en peut auoir sans requeste auec compulsoires, pour contraindre les secretaires & autres qu'il appartiendra d'apporter ou enuoyer les procez, & auec les autres lettres necessaires accoustumees.

CCCXX.

Tous Aduocats & Procureurs du Senat, auront par deuers eux les Statuts Ducaux, & le present Stil, pour le sçauoir garder & obseruer.

Voy au premier liure des Edicts & Arrests folio 54.

DES IVGES DVCAVX, ET AVTRES IVges des iurisdictions inferieures.

CCCXXI.

Est enioinct à tous Iuges Ducaux qu'ils exercent personnellement leurs offices és lieux & sieges accoustumez, & qu'ils vacquent diligemment à l'expedition de Iustice & abbreuiation des procez le plus que faire se pourra.

Voy le statut dominical liure 2. chapitre 56.

CCCXXII.

Et pource qu'il leur conuient quelquefois s'absenter pour leurs affaires, leur est enioinct, suiuant l'ancien Statut, d'eslire vn Lieutenant gradué, homme de bien, de bonne fame & renommee. Et leur feront lettres dudit Estat de Lieutenant, lesquelles seront enregistrees és Greffes desdits Iuges, en l'absence desquels se feront toutes lettres & autres expeditions de iustice sous le nom dudit Lieutenant, luy estant present, & en absence tant du Iuge que du Lieutenant, le plus ancien Aduocat du siege pourra expedier toutes choses de iustice.

Par Arrest du 16.Feburier 1566.

CCCXXIII.

Cognoistront lesdits Iuges Ducaux des crimes de leze-majesté, fausse monnoye, assemblees illicites, esmotions populaires, & port d'armes fait auec assemblee, infraction de sauue-garde, de la verification de lettres de grace & remission, abolition, pardon rappel de banc, & des manieres beneficiales, desquelles choses que dessus leur est attribué la cognoissance priuatiuement à tous Iuges inferieurs : sauf est reserué ceux esquels specialement a esté permis de cognoistre d'aucune desdites matieres.

Voy le statut dominical liure 2. chapitre 54.

CCCXXIV.

Et de toutes autres causes & matieres ciuiles, personnelles, reelles, mixtes, de crimes & delicts, ensemble de matiere de restitution en entier, rescision ou nullitez intentees en vertu de lettres de Chancellerie, & des oppositions ou appellations interiettees en executions de lettres de Chancellerie de debitis, de de sauue-garde, & de terriers, en pourront cognoistre, tous Iuges, tant Ducaux, qu'autres, riere ledit ressort & iurisdictions.

CCCXXV.

Est defendu à tous Iuges Ducaux de ne tenir autre office de iudicature que celuy duquel ils ont esté pourueus par Mon seigneur, ny prendre ou tenir aucuns autres offices, pensions, ou gages de personnes de quelque qualité qu'ils soyent, estans du Bailliage & Prouince en laquelle ils sont Iuges, à peine de suspension de leurs offices, & autre plus grande, s'il y eschoit.

Voy le statut dominical liure 2. chapitre 65.

Voy le statut du feu Duc Charles chapitre 14.

CCCXXVI.

Leur est aussi inhibé & defendu de ne bailler aucunes lettres de debitis ou sauue-garde en termes generaux, à peine de nullité & d'amande arbitraire.

CCCXXVII.

Tiendront lesdits Iuges Ducaux & tous autres leurs assises, ainsi que leur est enioinct par l'ancien Statut de ce pays, esquelles obserueront la forme & maniere portee par ledit Statut.

Voy le statut dominical liure 2. chapitre 58.

CCCXXVIII.

Leur est toutesfois inhibé & defendu de faire aucunes compositions sur les crimes & delicts, ains leur est enioinct de les iuger ainsi que le droict portera, & apres leurs sentences donnees, ne feront aucunes merciations ou remissions des peines & amandes portees par leursdites sentences, à peine de priuation de leurs offices & d'amande arbitraire, sauf à ceux qui seront condamnez de se pouruoir par appel, si bon leur semble.

Voy le statut dominical liure 2. chapitre 55.

Voy au premier liure des Edicts & l'Arrest du 20. Aoust 1560. folio 46. Seront tenus les Iuges & leurs Greffiers cotter au pied des sentences, actes & appoinctemens les espices & emoluments qu'ils receuront.

CCCXXIX.

Est expressement defendu à tous Iuges, tant Ducaux qu'autres, de prendre aucune part ou portion sur les condamnations & amandes desdites assises, soubs mesme peine que dessus.

CCCXXX.

Pourront toutesfois lesdits Iuges Ducaux (suiuant l'ancien Statut) prendre leurs despens tant seulement pendant qu'ils vacqueront esdites assises, sans prendre autre pour leur labeur, attendu qu'ils sont bien stipendiez de Mon-seigneur, & quant aux autres Iuges inferieurs, pourront prendre (outre leurs despens) taxe de leurs vacations sur lesdites amandes des assises. Et c'est moderement & sans aucun excez.

CCCXXXI.

Si le Senat par la visitation des procez trouue en les iugeant que les Iuges inferieurs ayent manifestement erré en faict & en droict, ledit Senat les punira en amande arbitraire selon le cas sans plus les appeller.

Voy au premier liure des Edicts & l'Arrest du 18. Iulliet 1564. folio 45.

Et l'Arrest du 6. Nouembre 1565. folio 52.

CCCXXXII.

Assisteront les Iuges en leur auditoire, & expedieront les causes és iours accoustumez, en donnant les appoinctements tels que de raison, lesquels seront enregistrez par le secretaire de leur siege. Et premierement expedieront les parties qui sont demeurans le plus loin.

Voy

Voy au premier liure des Edicts & l'arrest du 15 Iuin 1566 folio 93.

Il est defendu à tous Iuges de faire procez par escript des matieres qui se peuuent vuider sur le champ.

CCCXXXIII.

Est enioinct à tous Iuges & leurs Lieutenants, qu'ils ayent à vuider les petites matieres non excedans la somme de dix florins, le plus sommairement que faire se pourra, sans tenir longuement les parties en procez, sur peine d'amande arbitraire, & de suspension de leurs offices.

CCCXXXIV.

Es matieres ou il n'y aura qu'vn faict ou deux aisez à prouuer, les Iuges feront amener en iugement les tesmoins deuant eux, & leurs depositions feront sommairement rediger par escript, & dans l'appoinctement, où ils verront que bonnement se pourra faire.

Voy le statut dominical liure 2. chapitre 129.

CCCXXXV.

Est defendu à tous Iuges de constituer les parties en aucuns frais pour la visitation des procez, & payement des assesseurs (suiuant l'ancien Statut) sinon qu'en voyant lesdits procez, trouuassent difficulté notable, pour laquelle fust besoing assembler assesseurs, auquel cas en assembleront au moindre nombre que faire se pourra, & seront iceux assesseurs esleus par les parties si elles se peuuent accorder, autrement seront prins d'office par le Iuge, & leur sera taxé moderement leurs labeurs & vacations, laquelle taxe sera inseree par la main du Iuge au pied du dictum de la sentence.

Voy au premier liure des Edicts & l'Arrest du 12. Ianuier 1566.

CCCXXXVI.

Et s'il y a aucune des parties qui appelle d'icelle sentence, &

que le Senat voye en vuidant l'appel, que la matiere fust si legere, ou qu'elle ne fust de telle difficulté qu'elle meritast assemblee d'assesseurs, ledit Senat condamnera le Iuge à son propre & priué nom de rendre aux parties les deniers qu'elles auroyent frayez pour lesdits assesseurs, encores que lesdites parties ne le demandassent. Et en outre les condamnera en vne amande arbitraire, sans autrement l'appeller.

Voy le statut dominical liure 2. chapitre 55.

CCCXXXVII.

Et seront toutes iustices & iurisdictions laissees aux Iuges ordinaires, & ce quant aux causes & matieres dont ils ont cognoissance, sans que le Senat les puisse retenir par deuers luy, sinon que ce fust en cas reseruez, cas de ressort & souueraineté. Et pour negligence des Iuges, ou bien que par quelque iuste cause semblast au Senat les deuoir retenir.

Voy au present stil & reiglement l'article 323.

CCCXXXVIII.

Est defendu à tous Iuges ne receuoir le serment des secretaires, notaires, sergens, ny d'autres officiers, ny aussi des Aduocats & Procureurs en leurs sieges, sans sur ce appeller le Procureur Fiscal dudit siege, en declarant ce qui autrement aura esté fait nul, de nul effect & valeur.

Voy le statut dominical liure 2. chap. 57.

DES CHASTELAINS.

CCCXXXIX.

TOus Chastelains obserueront le reiglement à eux donné par les anciens Statuts de ce pays, tant pour raison de leurs iurisdictions, que de la forme de proceder és matieres desquelles leur est attribuee cognoissance.

Voy l'Arrest du 3. Septembre 1566. folio 65. Contenant reiglement aux

aux Chastelains sur la visitation des chemins.

CCCXL.

Ne pourront toutesfois faire aucunes compositions de quelque crime que ce soit auec les accusez, encore que lesdits accusez le requissent, à peine de priuation de leurs offices, & autre amande arbitraire.

CCCXLI.

Ne pourront aussi proceder à aucun emprisonnement des personnes sans exprez mandement des Iuges, sinon qu'ils trouuassent les delinquants *in flagranti crimine*, ou qu'ils fussent suspects de fuitte. Et de mesme leur est defendu de ne proceder à l'emprisonnement d'aucun debiteur à la requeste de son creancier sans lettres, sinon que ledit debiteur fust vraysemblablement suspect de fuitte, & en obseruant par lesdits creanciers les formalitez portees par ledit ancien Statut, à peine contre ledit Chastelain de cent sols, & des despens, dommages & interests du detenu.

CCCXLII.

Est expressement inhibé esdits Chastelains d'entrer dedans aucuns benefices vacquans, & de les reduire soubs la main de Mon seigneur, soubs couleur de la garde qui appartient à son Altesse par droict de souueraineté pendant qu'ils sont vacquans, sans qu'ils ayent exprez mandement du Senat à ce, à peine de priuation de leurs offices, & autre plus grande, si le cas le requiert.

CCCXLIII.

Leur est aussi defendu de constituer les mestraux en leurs Chastelenies, ains se feront tels mestraux par les Seigneurs des iurisdictions esquelles sont lesdits Chastelains.

CCCXLIV.

Pource que communement en ce pays icy les Chastelains

auec leurdit office de Chastelains sont Geoliers, & ont la garde des prisons, est ordonné qu'ils ne pourront contraindre les prisonniers pour cas ciuil, de viure en leur table, ains sera loisible ausdits prisonniers se nourrir separément, si bon leur semble. Et ou ils seront nourris à la table dudit Chastelain, payeront selon le taux qui sera fait chacun an, à la feste sainct Martin d'hyuer par les Iuges Ducaux, chascun en son siege, selon la cherté ou abondance de viures de l'annee, les Seyndics du lieu de leur residence & le Procureur Fiscal appellez. Et ne pourront lesdits Chastelains prendre d'auantage de ce qui sera porté par ledit taux, à peine de restitution du surplus, & d'amande arbitraire.

CCCXLV.

Et seront tenus tous Chastelains des Bannerets, & autres Seigneurs ayans iurisdictions, suiure ledit taux fait par le Iuge Ducal de la Prouince, ou sont situees lesdites iurisdictions, à peine que dessus.

CCCXLVI.

Le Chastelain ou garde des prisons sera tenu faire vn grand registre de grand volume de papier, dont chascun feuillet sera plié par le milieu, ou d'vn costé seront de iour en iour escripts les noms, surnoms, estats & demeurances des prisonniers, qui seront amenez esdites prisons, par qui ils y seront amenez, pourquoy, à la requeste de qui, & de quelle ordonnance.

CCCXLVII.

Et si c'est pour debte, & qu'il y ayt obligation, la date de l'obligation, & le domicile du creancier y seront semblablement enregistrez, auec tout ce qui sera trouué sur les prisonniers criminels, soit or, argent, ou autres choses, pour estre gardé, & conserué à ceux qu'il appartiendra.

CCCXLVIII.

Et de

Et de l'autre costé de la marge dudit feuillet sera enregistré l'escroue eslargissement & descharge desdits prisonniers, telle qu'elle sera baillee & enuoyee par le Secretaire sur le registre dudit emprisonnement, sans qu'il puisse mettre dehors quelque personne, soit à tort ou à droict, qu'il n'ait ledit escroue dudit secretaire, sur peine de l'amande enuers Mon-seigneur, & d'estre contrainct de rendre ledit prisonnier, ou satisfaire pour luy.

CCCXLIX.

Et quand lesdits prisonniers criminels seront menez en prison, sera tenu le Geolier les mettre en prison fermee, de telle maniere que personne ne parle à eux, iusques à ce que par le Iuge en aye esté autrement ordonné, sur peine de priuation d'office, & d'amande arbitraire.

CCCL.

Est defendu aux Geoliers & à leurs gens n'exiger, ou receuoir or, argent, ou autre chose quelconque d'aucuns prisonniers, ny de leurs amis, pour porter ou faire porter à iceux prisonniers, en quelque part ou sorte que ce soit, sur la peine que dessus.

CCCLI.

Et n'aura aucun prisonnier encre escritoire, ne papier. Et sera tenu le Geolier y prendre garde, & ne pourront les prisonniers criminels escrire aucunes lettres sans congé du Iuge à qui elle sera monstree.

CCCLII.

Et s'il aduient qu'à aucuns prisonniers soyent baillees aucuns ferremens par la porte, ou autrement, moyennant lesquels il aura fait quelque rompure ou demolition, celuy qui aura baillé lesdits ferremens sera tenu tout autant que s'il auoit rompu les prisons, & osté les prisonniers des mains de la iustice.

Voy le statut dominical liure 2. chapitre 112. Et pourtant doiuent ils estre visitez.

CCCLIII.

Et ne pourra aucun estre receu à l'office de Geolier, s'il n'est pur lay, ou marié.

CCCLIV.

Ne pourra le Geolier par soy, ny par ses gens changer ne muer lesdits prisonniers d'vne prison en autre, sinon quand il luy sera commandé par le Iuge. Mais si lesdits prisonniers tombent en maladie, ou qu'il y aye autre cause raisonnable, le Geolier en aduertira le Iuge, qui entendue la verité, en ordonnera comme de raison.

DES HVISSIERS DV SENAT DE Sauoye.

CCCLV.

LEs Huyssiers establis pour le seruice du Senat, seront au nombre de six sans plus, gens de bonne fame & renommee, & bien exercitez au faict de leurs charges : lesquels seront pourueus par Monseigneur à la nomination dudit Senat, suiuant l'ancien Statut.

Voy le statut dominical liure 2. chap. 46.

CCCLVI.

Et est defendu audit Senat, receuoir aucun pour Huyssier, s'il ne sçait lire bonne & lisable lettre, & qu'il ne sache promptement faire les exploicts de son estat, ainsi qu'il est requis, & pour ce faire, sera examiné, appellé premierement, & oüy le Procureur General, à qui les lettres de prouision seront communiquees.

Voy cy-deuant les titres des secretaires, folio 91. Ce qui est aussi ordonné

Ordonné pour les Greffiers & Secretaires.

CCCLVII.

Est aussi defendu ausdits Huyssiers, mesmement à ceux qui feront du seruice aux Audiences le iour des plaidoyeries, de ne laisser entrer au parquet du Senat, autres, que les Aduocats & Procureurs d'iceluy, Gentils-hommes, & gens qualifiez: & les parties à heure qu'elles auront Audience, & ausquelles parties & autres qui entreront audit parquet, ne laissent aucuns des Huyssiers, porter espees, dagues, cousteaux, ou ferrements, tant audit parquet, qu'en la sale de l'Audience.

Voy au present stil & reiglement l'article 361.

CCCLVIII.

Et si est enioinct ausdits Huyssiers, qu'ils meinent en prison tous ceux qui querelleront ou feront bruit en ladite sale de l'Audience, & à l'entree du Conseil, sans nul espargner.

CCCLIX.

Est expressement defendu ausdits Huyssiers, n'entrer en la chambre du Conseil, s'ils ne sont appellez. Et s'il est besoin demander audience pour quelque personnage, la demanderont dés la porte. Et s'il leur conuient entrer dans ladite chambre, ce sera le moins que faire ils pourront, afin de n'empescher le Senat, & pour esuiter le soupçon que l'on auroit qu'ils reuelassent les secrets d'iceluy.

Voy le statut dominical liure 2. chapitre 24.

CCCLX.

Et en outre leur est expressement inhibé, de ne vendre l'entree du Senat, & de refuser ceux qui entrer y doiuent, à peine de priuation de leurs offices, & autre plus grande, s'il y eschoit.

CCCLXI.

Pource que plusieurs fois aduient, qu'il n'y a Huyssier aux portes de la chambre du Bureau du Senat, pour faire entrer les parties, ou entendre & executer ses commandements. Est ordonné, que deux Huyssiers seruiront chacun iour de la sepmaine, ensemblement & residemment, sur peine de dix liures d'amande pour chacune faute, sans qu'aux autres il soit loisible aucunement s'absenter de la ville, si ce n'est par congé du Senat enregistré, ou pour le faict de quelque commission, qu'ils seront tenus executer, & estre de retour dedans leur sepmaine franche : autrement, & ou la commission requerroit plus longtemps, leur sera pourueu par le Senat de tel congé qu'il verra estre à faire, & seruiront les deux autres leur tour l'autre sepmaine, & ainsi consequemment : les noms desquels seruans leur sepmaine, seront enregistrez.

Voy au premier liure des Edicts, & l'Arrest du 28. Nouembre 1559. folio 50.

CCCLXII.

Aux iours des plaidoyeries, le premier Huyssier, ou celuy, qui en son absence appellera les causes, aura robbe longue de mesme couleur que la porteront les secretaires dudit Senat, pour fouyr à importunité de plaids & interruption des Audiences.

CCCLXIII.

Quand lesdits Huyssiers feront quelque exploict, ou signification de requeste, leur est enioinct tres-expressement inserer en leurs rapports les responses que ceux ausquels ils feront lesdits exploicts ou significations leur voudront faire sur le champ: & de prendre les responses qui leur seront baillees par escript signees, pour les inserer au rapport qu'ils en feront, ou en faisant iceluy rapport, faire mention des responses qui leur seront baillees par escript à part, laquelle seront tenus attacher à leurdit rapport, à peine de vingt-cinq sols d'amande, & autre plus grande s'il y eschoit.

Voy

Voy au present stil & reiglement l'article premier.

CCCLXIV.

Leur est aussi enioinct mettre & declarer aux rapports que par cy apres ils feront, des significations des requestes, intimations, ou commandements, si lesdits exploicts seront faits dedans ou dehors du Palais où est seant le Senat. Ausquels Huyssiers, qui ne feront en leursdits rapports ceste declaration, ne sera taxee ny payee que comme pour signification, intimation, ou commandement fait dedans le Palais.

Voy le statut dominical liure 2. chapitre 114. & 115.

CCCLXV.

Lesdits Huyssiers en leurs exploicts & rapports (non comprinses lesdites significations des requestes) seront tenus prendre records, & les inscrire dans leurs rapports & exploicts suiuant le present Stil : & neantmoins leur est expressement inhibé, & à tous Sergens & autres personnes de quelque qualité qu'ils soyent, d'executer aucunes lettres ou mandements dans le ressort du Senat, autres que ceux qui seront expediez par ledit Senat ou Iuges estans riere ledit ressort, sans auoir au prealable de ce faire permission dudit Senat, à peine de prison, priuation de leurs offices, & autres plus grandes, si elles y eschoyent.

Voy la suitte au folio 27.

DES NOTAIRES

CCCLXVI.

Tous contracts & traictez faits entre gens lays pour chose non spirituelle concernants heritages, rentes, ou realitez, qui seront receus par Notaires de Cour d'Eglise, seront declarez nuls & de nulle valeur, en ce qui concernera lesdites choses non spirituelles, heritages, rentes, ou realitez, sinon en cas d'extreme necessité, pour raisons des testaments seulement.

Voy le statut dominical liure 3. chapitre 17.

CCCLXVII.

Quant au registre & liure des protocoles des Notaires, il n'y aura rien en blanc, ains sera tout escrit & rempli, sans y faire apostille au marge, ny en teste, ny interlignature : ains, si faute y est, elle sera reparee & remise à la fin de la notte, & au dessous auant que signer. Et sera le signet si pres de la lettre, que l'on n'y puisse rien adiouster, & s'il y a quelque peu de blanc, qui demeure à la fin de la derniere ligne, il sera rayé d'vne corde double, en sorte que l'on n'y puisse escrire.

CCCLXVIII.

Est defendu à tous Notaires & Tabellions de monstrer & communiquer lesdits registres, liures & prothocolles, fors aux contrahans, leurs heritiers & successeurs, ou autres ausquels de droict lesdits contracts appartiendroyent notoirement, ou qu'il fust ainsi ordonné par iustice.

Voy au second liure des Edicts & Arrests folio 16.

CCCLXIX.

Et que depuis qu'ils auront deliuré à chacune des parties la grosse des testaments & contracts, ils ne la pourront plus bailler, sinon qu'il fust ordonné par iustice, parties ouyes.

CCCLXX.

Seront tenus tous Notaires de coucher les contracts & instruments qu'ils receuront, tant de derniere volonté qu'autres, en langage vulgaire, le plus clairement que faire ils pourront, afin que les contrahans puissent mieux entendre leurs affaires & negotiations.

CCCLXXI.

Et

Et ne receuront lesdits Notaires aucuns contracts s'ils ne cognoissent les personnes, ou qu'ils ne soyent certifiez & tesmoignez estre ceux qui contractent, sur peine de priuation de leurs offices. Ne receuront aussi lesdits contracts sans tesmoins cognus tant du Notaire que des contrahans.

Voy au second liure des Edicts & Arrests folio 20.

CCCLXXII.

Et ne mettront aucune chose aux instruments & contracts outre ce qu'ils auront ouy & entendu des parties, & qu'il aye esté dit, proferé & declairé en presence desdites parties & des tesmoins, sans vser de superfluité & multiplication, ny de termes synonymes, sur peine d'amande arbitraire.

CCCLXXIII.

Et iceux contracts & instruments escrits & passez, les liront au long en la presence des parties, auant qu'ils les signent ny baillent.

CCCLXXIV.

Seront tenus tous Notaires d'escrire de leur main les contracts qu'ils expedieront aux parties, ou pour le moins quand ils les feront escrire par autres, seront tenus attester par escriture de leur main au pied du contract, comme ils les ont receus & fait escrire, & les signeront de leur seing accoustumé, à peine de nullité, & d'amande arbitraire.

CCCLXXV.

Seront au surplus lesdits Notaires tenus obseruer le reiglement à eux donné par les anciens Statuts de ce pays, sans y contreuenir, à peine d'amande arbitraire, selon l'exigence des cas.

CCCLXXVI.

Pource que par cy-deuant s'est veu qu'aucuns Notaires abusans entierement de leur office, ont osé faire plusieurs faux cõtracts, & plusieurs tesmoins porter faux tesmoignage, par lesquels ont esté mis plusieurs gens de bien en grand danger de perdre non seulement leurs facultez, mais aussi la propre vie, sans que la peine imposee par la disposition du droict commun contre tels faussaires les en aye retiré, pour estre trop legere, Mon seigneur voulant obuier à tels inconuenients, a ordonné que par cy apres la peine desdits faussaires, sera d'estre bruslez tous vifs, afin que telle sorte de gens soyent punis selon leurs demerites, & qu'ils puissent seruir d'exemple aux autres. Et neantmoins permet son Altesse au Senat, de pouuoir mitiguer ladite peine, selon que leur semblera raisonnable & que le cas le requerra, sans vser d'aucune dissimulation, dequoy il charge leur honneur & conscience.

Voy les statuts du feu Duc Charles. Par les statuts la peine estoit autre.

DES SERGENS.

CCCLXXVII.

NE sera aucun receu d'office de sergent s'il n'est pur lay, ou marié, non portant tonsure, ou portant continuellement habit d'homme lay.

CCCLXXVIII.

Ne sera aussi receu audit office, s'il ne sçait lire & escrire. Et est enioinct à iceux sergents qu'ils signent de leurs seings manuels toutes les relations des exploicts qu'ils feront.

CCCLXXIX.

Tous adiournements ou autres exploicts seront faits à personne ou à domicil, en presence des records & tesmoins, sçauoir est d'vn tesmoin aux simples exploicts, & aux autres d'importance de deux tesmoins, qui seront inscrits au rapport du sergent

Sergent ou Huyssier, sur peine de dix liures d'amande contre ceux qui seront trouuez en faute.

DES REGISTRES DES BAPTESMES, SEPULTURES, & des Rapports sur la valeur des gros fruicts.

CCCLXXX.

POur esuiter frais aux subiects, & leur donner le moyen de pouuoir verifier le plus promptement & sommairement que faire se pourra leurs aages & le temps de maiorité ou minorité, sur quoy souuent ils tombent en contention & controuerse, est ordonné que d'oresenauant sera fait par toutes les Cures de ce ressort chacun en sa parroisse, bon & fidel registre des Baptesmes, qui contiendra le temps & l'heure de la natiuité, auec les noms & surnoms des enfans baptisez, lequel registre sera signé chacun an par le Curé ou Vicaire perpetuel ou temporel du lieu : ausquels est enioinct de ce faire à peine de reduction du temporel desdites Cures à la main de Monseigneur, & des dommages & interests des parties.

CCCLXXXI.

Semblable inionction leur est faite, ensemble à tous Chapitres, Colleges, & Monasteres de ce ressort (sur mesme peine) de faire registre des sepultures de ceux qui seront enseuelis en leurs parroisses, Eglises & Monasteres, chascun pour son regard : auquel registre sera fait mention du temps & heure du trespas, & sera ledit registre signé chacun an par lesdits Curez, ou Vicaires, & par le Secretain desdits Chapitres, Colleges, Monasteres, & Conuents, ou leur Notaire ou secretaire.

CCCLXXXII.

Lesquels registres ainsi signez seront remis (à peine que dessus) chacun an, & chacun dernier iour du mois de Decembre par lesdits Curez ou Vicaires, Secretains ou Notaires, par deuers les Iuges Ducaux, ou autres, riere la Prouince desquels seront situees leurs parroisses & Eglises, pour estre lesdits registres fidellement gardez és Greffes desdits Iuges, & y auoir recours quand besoin sera.

CCCLXXXIII.

Et afin que lesdits Curez ou leurs Vicaires soyent plus curieux de faire lesdits registres, & qu'ils soyent en partie recompensez de leurs labeurs, leur est permis d'exiger pour chascun enfant (la natiuité duquel ils enregistreront) deux liards, lesquels leurs seront deliurez par les parens desdits enfans, & autant pourront exiger des registres des sepultures.

CCCLXXXIV.

Et afin que d'oresenauant on puisse auoir quelque certitude & preuue sommaire de la valeur des gros fruicts, quand il eschoit d'en faire liquidation, est ordonné qu'en tous les lieux de ce ressort ou il y a marché, se fera rapport chacune sepmaine vn iour dudit marché, par les Scyndics des lieux entre les mains du Chastelain ou Curial de leur ville, de la valeur & estimation commune desdits gros fruicts, comme bleds & legumes. Lequel Chastelain & Curial feront tenus en faire bon & fidelle registre, deuëment signé, en faisant foy pour y auoir recours quand besoin sera. Et ausquels Syndics, Chastelains & Curiaux respectiuement est enioinct de ce faire, sur peine de l'amande de s'en prendre à eux, & de tous despens, dommages & interests des parties, sans pour ce en prendre aucun salaire.

CCCLXXXV.

Et quant à la value des vins, feront lesdits Syndics tenus en faire rapport ausdits Chastelains ou Curiaux chacune annee, deux fois, assauoir à la feste sainct Martin d'hyuer, & en la premiere sepmaine du mois de May, lesquels en feront tenus faire registre, le tout ainsi & à la mesme peine que dessus respectiuement.

FIN.

www.ingramcontent.com/pod-product-compliance
Ingram Content Group UK Ltd.
Pitfield, Milton Keynes, MK11 3LW, UK
UKHW012237240726
13966UKWH00003B/1131